McGraw-Hill Lectura

# Maravillas

Mc
Graw
Hill
Education

Bothell, WA • Chicago, IL • Columbus, OH • New York, NY

Cover and Title pages: Nathan Love
4BLPS00007681P

www.mheonline.com/lecturamaravillas

Copyright © 2014 McGraw-Hill Education

Send all inquiries to:
McGraw-Hill Education
Two Penn Plaza
New York, New York 10121

ISBN: 978-0-02-126205-2
MHID: 0-02-126205-5

Printed in United States of America.

4 5 6 7 8 9 DOW 18 17 16 15

B

McGraw-Hill Lectura

# Maravillas

CCSS **Lectura / Artes del lenguaje**

## Autores

Jana Echevarria　　　Gilberto D. Soto

Teresa Mlawer　　　Josefina V. Tinajero

Mc Graw Hill Education

*Bothell, WA • Chicago, IL • Columbus, OH • New York, NY*

# Unidad 1

## Aprender para crecer

**La gran idea**

¿Cómo nos ayuda el aprendizaje a crecer? ..... **16**

Meryl Treatner

# Unidad 2

# Resuélvelo

**La gran idea**

¿Qué esfuerzos necesitas hacer
para resolver problemas?....................**96**

(t) Steven Mach; (c) Betty Herrero; (b) Matías Lapegüe

# Unidad 3

# Único en su especie

**La gran idea**

(t) Manuel Purdia; (c) Jago Silver; (b) Sabrina Dieghi

# Unidad 4

# Vencer obstáculos

**La gran idea**

(t) Celeste Berlier; (b) Virginia Piñón

# Unidad 5

# ¡Manos a la obra!

**La gran idea**

(t) Daniela López Casenave; (c) Luis Fernández (b) David Pintor

¡Conéctate! Las lecciones están en www.connected.mcgraw-hill.com

Arthur Schatz/Contributor/Time & Life Pictures/Getty Images

# Unidad 6

## Pensar una y otra vez

**La gran idea**

(t) Anita Morra; (b) Stacey Schuett

*¡Conéctate!* Las lecciones están en www.connected.mcgraw-hill.com

(t) NASA/JPL; (c) Don Farrall/Photographer's Choice RF/Getty Images; (b) Patricia Fitti

# Aprender para crecer

## La gran idea

**¿Cómo nos ayuda el aprendizaje a crecer?**

# Marinero, marinerito

El nuevo marinero tenía prisa,
el mundo entero quería visitar,
navega que navega sin parar,
olvidó cambiarse la camisa.

Tras un mes en alta mar,
(¡el nuevo marinero olía ya
bastante mal!),
y en su afán por llegar,
no sabía aún, ni un remo manejar.

"Marinero, marinerito" le dijo
el capitán,
"navega sin premura, no hay prisa,
ponte otra camisa
y aprende primero a remar".

*Mara Mahía*

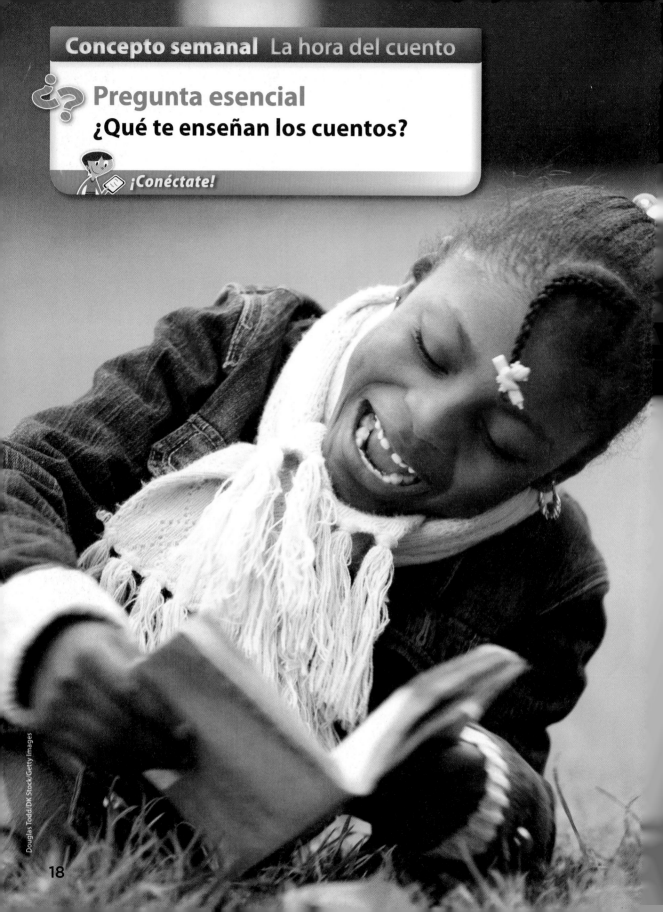

**Pregunta esencial**

## ¿Qué te enseñan los cuentos?

¡Conéctate!

# Leer
## para aprender

Hola, yo soy Carla y me encanta leer. Me gusta leer cuentos por muchas razones.

► Los cuentos me hacen reír.

► Con ellos aprendo a hacer cosas nuevas.

► Ellos me inspiran a aprender de otras personas.

## Coméntalo

Escribe palabras que hayas aprendido en los cuentos de esta semana y habla con tu compañero o compañera sobre otras cosas que hayas aprendido de estos cuentos.

Los cuentos

1

# Vocabulario

**Mira las fotos y lee las oraciones para comentar cada palabra con un compañero o una compañera.**

**agujero**

La red de pescar tiene varios **agujeros**.

¿Qué otras palabras significan lo mismo que agujero?

**arrancar**

Los niños **arrancan** la maleza del jardín.

¿Por qué crees que es necesario arrancar la maleza de un jardín?

**descubrir**

Juan y Estela **descubrieron** algo interesante en la playa.

Comenta sobre algo interesante que hayas descubierto.

**empujar**

El obrero **empuja** la carretilla, en la que lleva material de construcción.

¿Cuál es el opuesto de empujar?

**inspirar**

Mi abuela me **inspiró** a aprender a tejer.

¿Quién te ha inspirado a hacer algo nuevo?

**oscuridad**

La niña lee en la **oscuridad**.

¿Cuál es el opuesto de oscuridad?

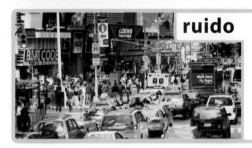

**recetar**

La doctora está **recetando** un remedio.

¿Alguna vez te han recetado algo?

**ruido**

El **ruido** del tráfico es muy fuerte en algunas ciudades.

¿Qué otros ruidos te parecen molestos?

## COLABORA

## Tu turno

Elige tres palabras y escribe tres preguntas para tu compañero o compañera.

*¡Conéctate!* *Usa el glosario digital ilustrado.*

(t) © Jose Luis Pelaez/Corbis; (tc) Rubberball/Mark Andersen/Getty Images; (bc) Jose Luis Pelaez,Inc/Blend Images/Getty Images; (b) Medioimages/Photodisc/Getty Images

# MATÍAS
# Y SU HERMANO

**Silvia Arana**

## ¿❔ Pregunta esencial

### ¿Qué te enseñan los cuentos?

Lee y descubre cómo un conejo aprendió una importante lección de un cuento.

Matías era un conejo que vivía en el bosque. Un día, mientras comía frutos y hojas, empezó a llover. Se distrajo saltando charcos, le dio frío y tosió. ¡Qué problema! Si tosía, lo podían escuchar los zorros y eso era peligroso.

De pronto, vio una lechuza sentada en la rama de un árbol. Matías se quedó impresionado. La lechuza tenía enormes alas blancas con manchitas oscuras en las puntas, cabeza en forma de corazón y ojos dorados. Matías iba a escapar, pero la lechuza lo vio y le dijo:

—No tengas miedo. Soy doctora y mi trabajo es ayudar a los enfermos.

—Doctora Lechuza, ¿me podría **recetar** algo para la tos? —dijo Matías.

—Sí, pero primero voy a revisarte.

Lo revisó y le recetó un té de hojas de eucalipto. Y después se fue volando.

Matías volvió a su casa. Pensó: "Tengo que buscar un árbol de eucalipto. Pero, ¿podré hacerlo solo? Siempre me ha ayudado mi hermano mayor Luis. Pero ahora, estoy enojado con él porque no me invitó a la fiesta de su amigo".

Alguien golpeó la puerta. Matías miró por un **agujero** en la madera y vio que era Luis.

—**Empuja** la puerta y entra —dijo Matías.

—Hola Matías, te traigo un libro. ¿Quieres que lo leamos juntos? —dijo Luis.

Se sentaron uno al lado del otro y leyeron:

El campesino y sus hijos

David Díaz

# El campesino y sus hijos

Sufría un campesino al ver que sus hijos peleaban. No se ponían de acuerdo en nada.

El campesino pensó que había que darles una lección. Los reunió y les dijo:

—Quisiera cortar este atado de leña para hacer fuego. Pero ya no tengo fuerzas. Ayúdenme, por favor.

Entregó al mayor de los jóvenes el atado de leña. Muy seguro de su fuerza, el muchacho trató de partirlo, pero no pudo hacerlo.

Pasó el atado a otro de sus hermanos, y este a otro, pero ninguno logró partirlo. Entonces el campesino soltó el atado de leña, y les dio las ramas por separado para que las partieran. Lo hicieron con facilidad. Les dijo:

—¿Se dan cuenta, hijos? Mientras estén separados, será fácil vencerlos. Pero nadie podrá contra ustedes si están unidos.

## Fin

**Inspirados** en el cuento, Luis y Matías se abrazaron con cariño. El cuento les había enseñado que la unión entre hermanos era lo más importante.

Matías le contó a su hermano que la doctora le había recetado un té de hojas de eucalipto para la tos. Pero que él no sabía dónde hallar el árbol ni cómo era.

Luis le respondió:

—No te preocupes, yo iré contigo. Hay eucaliptos en el otro lado del bosque. Son árboles altos, la corteza de los troncos es marrón y se desprende en tiras. Las hojas son alargadas de color verde oscuro y brillante. Tienen un olor especial. Las flores son blancas.

Matías le agradeció mucho su ayuda y salieron apurados.

Fueron hacia el otro lado del bosque. Sin hacer **ruido** corrieron entre los árboles.

Buscaron y buscaron. Finalmente, Matías **descubrió** unos árboles altos. Dijo:

—Hermano, ¡mira estos árboles! La corteza del tronco se desprende en tiras...

—Las flores son blancas. Las hojas son alargadas de color verde oscuro y brillante —agregó Luis.

**Arrancaron** una hoja y la olieron:

—¡Mm, qué aroma! ¡Es un eucalipto! —gritaron contentos.

Juntaron muchas hojas y regresaron felices.

Ya era de noche y la luna brillaba en la **oscuridad**.

## ¿? **Haz conexiones**

¿Qué aprendió Matías del cuento "El campesino y sus hijos"? PREGUNTA ESENCIAL

Comenta sobre cómo se ayudan tú y tus amigos.
EL TEXTO Y TÚ

David Díaz

27

# Visualizar

Mientras lees "Matías y su hermano", busca palabras que te ayuden a visualizar, o formar imágenes.

 **Busca evidencias en el texto**

¿Cómo era la lechuza que vio Matías? Lee los detalles que aparecen en la página 23.

> **página 23**
>
> Matías era un conejo que vivía en el bosque. Un día, mientras comía frutos y hojas, empezó a llover. Se distrajo saltando charcos, le dio frío y tosió. ¡Qué problema! Si tosía lo podían escuchar los zorros y eso era peligroso.
>
> De pronto, vio una lechuza sentada en la rama de un árbol. Matías se quedó impresionado. La lechuza tenía enormes alas blancas con manchitas oscuras en las puntas, cabeza en forma de corazón y ojos dorados. Matías iba a escapar, pero la lechuza lo vio y le dijo:
>
> —No tengas miedo. Soy doctora y mi trabajo es ayudar a los enfermos.
>
> —Dra. Lechuza, ¿me podría **recetar** algo para la tos? —dijo Matías.
>
> —Sí, pero primero voy a revisarte.

*La lechuza tenía enormes alas blancas con manchitas oscuras en las puntas, cabeza en forma de corazón y ojos dorados.*

*Estos detalles me ayudan a visualizar la lechuza, y a darme cuenta de que es impresionante.*

 COLABORA

## Tu turno

¿Cómo es el árbol que busca Matías? Vuelve a leer el cuento y trata de visualizarlo. Luego, responde la pregunta.

# Personaje

Lo que ocurre en un cuento se debe a las acciones y los sentimientos de los personajes. Las características de la personalidad influyen en el comportamiento de un personaje.

 ### Busca evidencias en el texto

*Matías es el personaje principal de este cuento. Volveré a leer la página 24 para saber lo que siente y lo que hace.*

| Personaje | |
|---|---|
| Deseos o necesidades | Sentimientos |
| Matías debe hallar un árbol de eucalipto. | Matías siente que la tarea será difícil. |
| Acciones | Características |
| | |

## Tu turno

Vuelve a leer "Matías y su hermano" y piensa en lo que hace Matías. ¿Cuáles son sus acciones? ¿Cuáles son las características de su personalidad? Visualiza y completa la tabla del personaje.

**¡Conéctate!**
*Usa el organizador gráfico interactivo.*

# Fantasía

El cuento "Matías y su hermano" es una fantasía.
Sabemos que es una fantasía porque tiene:

- Personajes, ambientes o sucesos que no existen en la vida real.
- Dibujos para ilustrar el cuento.
- Una enseñanza.

## Busca evidencias en el texto

*Puedo saber que el cuento "Matías y su hermano" es una fantasía porque los personajes son animales que hablan y leen. El cuento tiene una enseñanza. Las ilustraciones muestran que la historia no es real.*

**página 24**

Lo revisó y le recetó un té de hojas de eucalipto. Y después se fue volando.

Matías volvió a su casa. Pensó: "Tengo que buscar un árbol de eucalipto. Pero, ¿podré hacerlo solo? Siempre me ha ayudado mi hermano mayor Luis. Pero ahora, estoy enojado con él porque no me invitó a la fiesta de su amigo".

Alguien golpeó la puerta. Miró por un **agujero** en la madera y vio que era Luis.

—**Empuja** la puerta y entra —dijo Matías.

—Hola Matías, te traigo un libro. ¿Quieres que lo leamos juntos? —dijo Luis.

Se sentaron uno al lado del otro y leyeron:

24

## Ilustraciones

Las ilustraciones dan más información sobre el cuento. Muestran a los personajes haciendo algo que no es real.

**COLABORA**

## Tu turno

Busca dos ejemplos que demuestren que "Matías y su hermano" es una fantasía. Coméntalo con tu compañero o compañera.

# Sinónimos

Los sinónimos son palabras que tienen el mismo significado. Si no entiendes el significado de una palabra, puedes adivinarlo leyendo la oración de nuevo.

 ### Busca evidencias en el texto

En la página 27, no entiendo lo que significa la palabra *aroma,* pero si vuelvo a leer la oración puedo entender que significa "olor agradable o perfume".
El significado de *aroma* es similar al de *perfume*.

—¡Mm, qué aroma! ¡Es un eucalipto!

## Tu turno

COLABORA

Piensa en sinónimos para estas palabras del cuento "Matías y su hermano":

**lección**, *página 25*
**respondió**, *página 26*

Comenta el significado de las palabras con un compañero o una compañera.

David Díaz

# De lectores...

Los escritores usan detalles interesantes para expresar sus ideas cuando escriben. Se concentran en un momento específico. Vuelve a leer el párrafo del cuento "Matías y su hermano".

**Ejemplo modelo**

## Enfoque en un suceso

Busca un suceso en el cuento y fíjate en las palabras que el autor usó para describir los detalles.

—No te preocupes, yo iré contigo. Hay eucaliptos en el otro lado del bosque. Son árboles altos, la corteza de los troncos es marrón y se desprende en tiras. Las hojas son alargadas de color verde oscuro y brillante. Tienen un olor especial. Las flores son blancas.

David Díaz

32

# a escritores

Carla escribió un cuento sobre su amigo imaginario. Lee las correcciones que hizo Carla en su cuento.

## Marcas de corrección

≡ Mayúscula
/ Minúscula
⊙ Agregar punto
∧ Insertar
𝒮 Eliminar

## Manual de gramática

Página 472
**Tipos de oraciones**

**Ejemplo del estudiante**

## ☀ Mi gato Pom

yo tengo un gato que se llama pom y que vive debajo de mi cama. A Pom no le gusta hablar con nadie, solo conmigo. Le gusta contarme de sus juegos con otros gatos y cuando viene mi Mamá me pregunta, ¿con quién estás hablando? Le digo que con pom, el gato que vive debajo de mi cama.

## Tu turno

- ☑ Identifica un suceso.
- ☑ Identifica una oración interrogativa.
- ☑ Comenta cómo las correcciones mejoraron el cuento de Carla.

*¡Conéctate!*
*Escribe en el rincón del escritor.*

## Pregunta esencial

¿Qué aprendemos de las culturas a través de las tradiciones?

¡Conéctate!

AlaskaStock/Masterfile

# COMPARTIR TRADICIONES

Mi familia y yo vivimos en Alaska. Hoy mi abuelo nos enseña a tocar un tambor tradicional de nuestro pueblo.

▶ Las tradiciones se transmiten de generación en generación.

▶ Las tradiciones me ayudan a entender mi cultura y mis costumbres.

▶ Las tradiciones familiares me dan orgullo.

## Coméntalo

¿Qué tradiciones has aprendido en familia? Habla en pareja sobre cómo las familias comparten las tradiciones.

Tradiciones

# Vocabulario

**Mira las fotos y lee las oraciones para comentar cada palabra con un compañero o una compañera.**

**ahuyentar**

Mi abuela **ahuyenta** las moscas para que no molesten.

¿Cómo ahuyentas las moscas en tu casa?

**guanaco**

Los **guanacos** viven en los Andes.

¿Qué sabes acerca de los guanacos?

**hogar**

En mi **hogar** estoy muy a gusto.

¿Qué cosas agradables puedes hacer en tu hogar?

**morada**

La **morada** de los conejos es la madriguera.

¿Qué otros tipos de moradas de animales conoces?

**orgullo**

Siento **orgullo** por los vegetales que cultivo en mi huerta.

¿Qué cosas te hacen sentir orgullo?

**sendero**

El caballo avanza lentamente por el **sendero** del valle.

¿En qué lugares puedes hallar senderos?

**tradición**

En mi familia, tenemos la **tradición** de cenar juntos los domingos.

¿Qué tradiciones hay en tu pueblo?

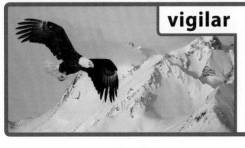

**vigilar**

El águila **vigila** la montaña desde las alturas.

¿Cómo vigilan su entorno los animales?

## Tu turno

COLABORA

Elige tres palabras y escribe tres preguntas para tu compañero o compañera.

*¡Conéctate!* *Usa el glosario digital ilustrado.*

# Un **hogar** en el *valle*

Sebastián Olaso

**¿? Pregunta esencial**

**¿Qué aprendemos de las culturas a través de las tradiciones?**

Lee acerca del intercambio que existe entre los animales y los campesinos.

Paola De Gaudio

—No teman —dijo mamá **guanaco**—. Los pumas ya están lejos.

Los tres pequeños guanacos se tranquilizaron un poco, pero decidieron seguir a sus padres de cerca. El sendero que los llevaría hacia el valle era angosto y largo, tan largo, que su vieja **morada** ya no estaba a la vista.

Papá guanaco estaba callado y **vigilaba** todo el paisaje con mirada atenta. En la última semana, había **ahuyentado** a cinco pumas furiosos. Había llegado el momento de buscar un nuevo lugar más seguro donde vivir.

—Déjame descansar un poco, papá —dijo la pequeña.

—Ven, hijita —dijo mamá guanaco —. Acércate y cantemos juntas.

—¡Nosotros también cantaremos! —exclamaron los dos hijos mayores.

—¿Tú cantarás con nosotros, papá? —preguntó la pequeña.

Pero papá guanaco estaba atento a todo. Al aire de los Andes, a los sonidos, a la luz, a los movimientos.

—Canten ustedes —dijo papá guanaco mientras miraba hacia un río de montaña donde creía haber visto una sombra.

Después de dos largos días de viaje, la familia de guanacos llegó al valle. Entre dos cerros bajos, una casa humilde y colorida embellecía el lugar. Los pequeños guanacos se quedaron maravillados con esa zona extraña y mágica.

—¡Cuántos árboles frondosos! —dijo uno de los hijos admirado por las copas tupidas de los canelos.

—¡Qué viento fresco y suave! —dijo la hija pequeña.

De pronto, algo puso en alerta a papá guanaco. Un sonido inesperado. Una sombra esquiva, que aparecía y desaparecía pero no terminaba de mostrarse. Sin embargo, enseguida suspiró aliviado. Un matrimonio de campesinos avanzaba lentamente por el **sendero**.

Los campesinos se acercaron a la familia de guanacos y los saludaron amablemente.

—¿Están disfrutando de un paseo por el valle? —preguntó la campesina.

—Estamos disfrutando, sí —dijo mamá guanaco—. Pero no estamos de paseo. Estamos buscando un nuevo **hogar**.

40

—¡Pero los guanacos viven en tierras altas! —exclamó el campesino.

—Así es —dijo papá guanaco—. Pero desde hace unos días los pumas están acechando y queremos proteger a nuestros niños guanacos.

—¡Los pumas ya no son tan gentiles como antes! —exclamó la campesina—. En otros tiempos, eran respetuosos, divertidos y colaboradores.

Los campesinos miraron con ternura a los pequeños guanacos.

—¿Tienen hambre? —les preguntó la campesina.

—¡Sí! —exclamaron los tres pequeños con entusiasmo.

—Vengan conmigo. Les prepararé algo para comer.

Mientras los pequeños comían, los campesinos y los guanacos adultos se hicieron amigos. Como en el valle no hay pumas, papá guanaco estaba aliviado. Mamá guanaco miró a su familia con **orgullo**. Los pequeños habían soportado con entereza el hambre, el frío, el miedo y el cansancio. Ahora estaban todos a salvo.

—Aquí es difícil ganarse la vida —dijo el campesino—. Pero pueden quedarse a vivir con nosotros y saldremos todos adelante.

Los campesinos y los papás guanacos armaron un plan. La familia guanaco viviría en el valle junto a los campesinos. Los campesinos los cuidarían y, de acuerdo con su **tradición**, seguirían trabajando en la producción y comercio de lana.

—¡Aquí en el valle hace poco frío! —exclamó mamá guanaco—. Pueden vender nuestra lana en el mercado. De ese modo, nosotros colaboraríamos con ustedes.

Paola De Gaudio

Ahora, los campesinos van al mercado cada semana para vender la lana de los guanacos. De ahí regresan con trigo y provisiones para todos.

En el mercado los tejedores, los artesanos y los turistas están muy contentos. Todos saben que la lana de los guanacos es de las más finas y buscadas del mundo.

Ahora, en el valle, todos son felices.

## ¿? Haz conexiones

¿Qué aprendieron los guanacos de las tradiciones de los campesinos? PREGUNTA ESENCIAL

¿Qué tradiciones se conservan en tu familia? EL TEXTO Y TÚ

# Visualizar

Usa detalles en el cuento que te ayuden a visualizar los personajes y el ambiente. Mientras lees, usa los detalles para formar imágenes en tu mente.

## Busca evidencias en el texto

¿Cómo se siente papá guanaco al principio de "Un hogar en el valle"? Usa los detalles de los primeros párrafos de la página 39.

---

**página 39**

—No teman —dijo mamá **guanaco**—. Los pumas ya están lejos.

Los tres pequeños guanacos se tranquilizaron un poco, pero decidieron seguir a sus padres de cerca. El sendero que los llevaría hacia el valle era angosto y largo, tan largo, que su vieja **morada** ya no estaba a la vista.

Papá guanaco estaba callado y **vigilaba** todo el paisaje con mirada atenta. En la última semana, había **ahuyentado** a cinco pumas furiosos. Había llegado el momento de buscar un nuevo lugar más seguro donde vivir.

—Déjame descansar un poco, papá —dijo la pequeña.

—Ven, hijita —dijo mamá guanaco —. Acércate y cantemos juntas.

—¡Nosotros también cantaremos! —exclamaron los dos hijos mayores.

—¿Tú cantarás con nosotros, papá? —preguntó la pequeña.

Pero papá guanaco estaba atento a todo. Al aire de los Andes, a los sonidos, a la luz, a los movimientos.

—Canten ustedes —dijo papá guanaco mientras miraba hacia un río de montaña donde creía haber visto una sombra.

*Puedo visualizar cómo se siente papá guanaco al principio del cuento. Está callado, vigila el lugar, cuida a su familia. Estos detalles me ayudan a ver que se siente cansado y preocupado.*

---

**Tu turno**

¿Cómo se siente papá guanaco al final del cuento? ¿Qué palabras describen lo que siente en la página 42?

# Secuencia

Las acciones de los personajes en un cuento ocurren en una secuencia determinada. Sus acciones marcan los sucesos importantes y los sucesos están narrados en el orden en que ocurren.

 ## Busca evidencias en el texto

*Leo el principio del cuento para saber lo que hacen y dicen los personajes. Después, sigo leyendo para saber qué sucede en el desarrollo.*

| Personaje |
|---|
| Familia de guanacos |

| Ambiente |
|---|
| Un valle en los Andes |

| Principio |
|---|
| Buscan un nuevo hogar. |

↓

| Desarrollo |
|---|
| Conocen a la pareja de campesinos. |

↓

| Final |
|---|
| |

## Tu turno

Vuelve a leer las páginas 42 y 43. ¿Qué sucede al final del cuento? Escribe los sucesos en orden en la tabla.

**¡Conéctate!**
*Usa el organizador gráfico interactivo.*

# Fantasía

El cuento "Un hogar en el valle" es una fantasía.
Sabemos que es una fantasía porque tiene:

- Personajes, ambientes o sucesos que no existen en la vida real.
- Un principio, un desarrollo y un final.
- Ilustraciones y diálogos.

 **Busca evidencias en el texto**

*Sé que "Un hogar en el valle" es una fantasía porque los personajes son animales que hablan y tienen sentimientos. Las ilustraciones y los diálogos me ayudan a comprender que es una fantasía.*

**página 40**

Después de dos largos días de viaje, la familia de guanacos llegó al valle. Entre dos cerros bajos, una casa humilde y colorida embellecía el lugar. Los pequeños guanacos se quedaron maravillados con esa zona extraña y mágica.

—¡Cuántos árboles frondosos! —dijo uno de los hijos admirado por las copas tupidas de los canelos.

—¡Qué viento fresco y suave! —dijo la hija pequeña.

De pronto, algo puso en alerta a papá guanaco. Un sonido inesperado. Una sombra esquiva, que aparecía y desaparecía pero no terminaba de mostrarse. Sin embargo, enseguida suspiró aliviado. Un matrimonio de campesinos avanzaba lentamente por el **sendero**.

Los campesinos se acercaron a la familia de guanacos y los saludaron amablemente.

—¿Están disfrutando de un paseo por el valle? —preguntó la campesina.

—Estamos disfrutando, sí —dijo mamá guanaco—. Pero no estamos de paseo. Estamos buscando un nuevo **hogar**.

**Diálogo** Los diálogos muestran cómo se comunican los personajes.

**Ilustraciones** Las ilustraciones dan más información sobre los personajes y el ambiente.

**COLABORA**

## Tu turno

Busca dos ejemplos que muestren que "Un hogar en el valle" es una fantasía. Coméntalo en pareja.

Paola De Gaudio

# Claves en las oraciones

Cuando no entiendas una palabra vuelve a leer la oración. Las otras palabras en la oración sirven como clave y te pueden ayudar a entender su significado.

 **Busca evidencias en el texto**

*En la página 40, no entiendo lo que significa la palabra* frondosos. *Si sigo leyendo, puedo comprender que un árbol es* frondoso *cuando tiene la copa tupida.*

> —¡Cuántos árboles frondosos! —dijo uno de los hijos admirado por las copas tupidas de los canelos.

## Tu turno

Usa otras palabras en las oraciones como claves para hallar el significado de las siguientes palabras del cuento.

**esquiva,** *página 40*
**gentiles,** *página 41*

Comenta el significado de las palabras con un compañero o compañera.

# De lectores...

Los escritores usan detalles descriptivos para que los lectores puedan visualizar los sucesos y para describir los sentimientos de los personajes.

## Detalles descriptivos

Pon atención a los detalles descriptivos de este pasaje del cuento. ¿De qué manera te ayudan a visualizar los sucesos?

**Ejemplo modelo**

Mientras los pequeños comían, los campesinos y los guanacos adultos se hicieron amigos. Como en el valle no hay pumas, papá guanaco estaba aliviado. Mamá guanaco miró a su familia con orgullo. Los pequeños habían soportado con entereza el hambre, el frío, el miedo y el cansancio. Ahora estaban todos a salvo.

Paola De Gaudio

# a escritores

Ada escribió un cuento sobre una tradición familiar. Lee las correcciones que hizo Ada en su cuento.

## Una fiesta tradicional

Todos los años, en Mayo, con mi familia asistimos a una gran fiesta en nuestra calle. Es muy divertido. Mi avuela me presta collares. Primero, comemos muchas comidas tradicionales. Luego, cantamos y bailamos. No puedo esperar! Ven a la fiesta conmigo.

Por Ada H.

## Marcas de corrección

| | |
|---|---|
| ort. | Revisar ortografía |
| / | Minúscula |
| ⊙ | Agregar punto |
| ∧ | Insertar |
| ℐ | Eliminar |

### Manual de gramática
Página 472
**Oraciones imperativas y exclamativas**

## Tu turno

COLABORA

☑ Identifica palabras descriptivas.
☑ Identifica una oración imperativa.
☑ Comenta cómo las correcciones mejoraron el cuento.

**¡Conéctate!**
*Escribe en el rincón del escritor.*

¿? **Pregunta esencial**

**¿Cómo contribuyen las personas de diferentes culturas a una comunidad?**

*¡Conéctate!*

Philip Scalia/Alamy

50

# NUESTRA CONTRIBUCIÓN

David comparte su cultura con las personas de su comunidad.

- ▶ Es importante aprender sobre distintas culturas.
- ▶ Las diferentes culturas hacen que una comunidad sea más interesante.
- ▶ La comunidad crece cuando las personas comparten su cultura.

## Coméntalo

Escribe palabras relacionadas con la cultura y la comunidad. Comenta qué puedes aprender de otras personas.

Comunidad

# Vocabulario

**Mira las fotos y lee las oraciones para comentar cada palabra con un compañero o una compañera.**

**admirar**

Mi familia **admira** las buenas calificaciones de mis exámenes.

*¿Qué admiras de tus amigos?*

**asustar**

Nuestro perro se escondió porque lo **asustaba** la tormenta.

*¿Qué haces cuando te asustas?*

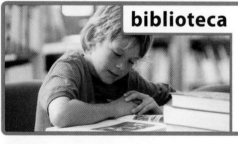

**biblioteca**

Juan toma libros prestados de la **biblioteca** de la escuela.

*Además de libros, ¿qué puedes encontrar en una biblioteca?*

**comunidad**

Muchas personas de mi **comunidad** trabajan juntas.

*¿Qué te gusta acerca de tu comunidad?*

## contribuir

Mamá piensa **contribuir** en la colecta donando ropa.

¿Con qué podrías contribuir en una feria de pasteles?

## practicar

Kyle ha estado **practicando** y ahora sabe tocar muchas canciones.

¿Qué destreza puedes mejorar si practicas?

## pronunciar

Josephine sabe **pronunciar** su nombre en otro idioma.

¿Cómo se pronuncia tu apellido?

## tropezar

Juan se **tropezó** y se cayeron los tomates de la canasta.

¿Qué significa tropezar?

COLABORA

## Tu turno

Elige tres palabras y escribe tres preguntas para tu compañero o compañera.

*¡Conéctate!* *Usa el glosario digital ilustrado.*

# un jardín para todos

Nuestra casa nueva en Portland

## ¿? Pregunta esencial

**¿Cómo contribuyen las personas de diferentes culturas a una comunidad?**

Lee sobre cómo una familia ayuda a su comunidad a cultivar un jardín para todos.

# Primavera en la ciudad

Me llamo Kiku Sato. La primavera pasada me mudé con mi familia del campo a la ciudad.

La casa nueva en Portland no tenía jardín. Tampoco tenía una porción de tierra, entonces, decidimos hacer un jardín interior. Primero, mamá y papá plantaron semillas en macetas. Luego, las colgaron con portamacetas y, después, pusieron plantas en los estantes. Las enredaderas **tropezaban** con los libros de la **biblioteca**; nuestra casa tenía muchas plantas.

Al principio, me **asustaba** la idea de ir a la escuela y de no encontrar amigos. Pero un día conocí a una compañera: Jill Hernández. Ella y yo **practicábamos** lectura en voz alta. Ella me ayudó a decir su apellido y yo la ayudé a **pronunciar** el mío. Nos hicimos grandes amigas. Pasábamos mucho tiempo juntas.

Mapa de Oregón

# Una idea para el jardín

Una tarde, Jill vino a casa con su mamá. Observaron nuestras plantas en macetas.

—Jill **admira** su jardín interior. ¡Y a mí me ha dejado boquiabierta! —exclamó la mamá de Jill.

Mi mamá sirvió el té. Primero puso té verde en el tazón. Luego agregó agua caliente y lo revolvió. Le alcanzó el tazón a la mamá de Jill haciendo una reverencia.

Los tazones especiales de mamá

Mi abuela en Japón

—Mi madre me enseñó a preparar el té —contó mi mamá—. También me enseñó a cultivar un jardín japonés tradicional. Aprendí a aprovechar al máximo los espacios reducidos.

De pronto, la mamá de Jill sonrió.

—¿Puede ayudarnos con un proyecto? —le preguntó a mamá—. Las personas de la comunidad quieren cultivar un jardín. Nuestro terreno es muy pequeño. Y tenemos ganas de plantar muchas cosas.

Mamá miró a papá y ambos dijeron que sí con una reverencia.

# Nace un jardín

Primero tuvimos una reunión con la **comunidad**. Todos estaban dispuestos a **contribuir**. Algunos llevaron semillas, herramientas y tierra. Al día siguiente, comenzamos a trabajar en el jardín.

Papá construyó unas cajas, que luego llenamos con tierra. Pusimos la caja más alta cerca de la pared, y la más baja al frente.

—Así todas las plantas recibirán la luz del sol, sin hacer sombra a las demás —explicó mamá.

Papá construyendo cajas

Jill y yo plantando semillas

Luego, hicimos un sendero con piedras planas. En Japón, las piedras son una parte importante del jardín. Por último, plantamos las semillas.

Jill y yo trabajamos en el jardín durante todo el verano. Nuestra comunidad cultivó muchas clases de vegetales. Luego, al mediodía, hicimos una comida al aire libre. Mamá llevó una olla grande de miso y un estofado de verduras de nuestro jardín. Todos agradecieron a mis padres. Habían llevado un pedacito de Japón a Portland. Y yo me sentía muy orgullosa.

¡Todo lo que cosechamos!

## Haz conexiones

¿Qué hizo la familia de Kiku para ayudar a su nueva comunidad? ¿Qué aspectos de su cultura compartieron?
**PREGUNTA ESENCIAL**

¿De qué manera pueden tú y tu familia contribuir con la comunidad? **EL TEXTO Y TÚ**

# Hacer y responder preguntas

Mientras lees piensa en una pregunta. Luego, busca detalles que apoyen tu respuesta.

## Busca evidencias en el texto

Mira la sección "Primavera en la ciudad", en la página 55. Piensa en una pregunta. Luego, lee para responderla.

**página 55**

### Primavera en la ciudad

Me llamo Kiku Sato. La primavera pasada me mudé con mi familia del campo a la ciudad.

La casa nueva en Portland no tenía jardín. Tampoco tenía una porción de tierra, entonces, decidimos hacer un jardín de interior. Primero, mamá y papá plantaron semillas en macetas. Luego, las colgaron con portamacetas y, después, pusieron plantas en los estantes. Las enredaderas **tropezaban** con los libros de la **biblioteca**; nuestra casa tenía muchas plantas.

Al principio, me **asustaba** la idea de ir a la escuela y de no encontrar amigos. Pero un día conocí a una compañera: Jill Hernández. Ella y yo **practicábamos** lectura en voz alta. Ella me ayudó a decir su apellido y yo la ayudé a **pronunciar** el mío. Nos hicimos grandes amigas. Pasábamos mucho tiempo juntas.

WASHINGTON

*Tengo una pregunta. ¿Por qué hay tantas plantas en la casa de Kiku?* <u>*Leo que no tenían jardín. Los padres plantaron semillas.*</u> *Puedo responder mi pregunta. A la familia le gustaban las plantas y no tenía espacio para hacerlo al aire libre.*

## Tu turno

COLABORA

Vuelve a leer "Una idea para el jardín". Piensa en una pregunta, por ejemplo: ¿Por qué la mamá de Jill le pidió ayuda a la mamá de Kiku? Vuelve a leer para hallar las respuestas.

# Secuencia

Una secuencia es el orden en que ocurren los sucesos. Busca palabras como *primero, luego, a continuación y por último*. Las palabras que indican secuencia señalan el orden de los sucesos.

## Busca evidencias en el texto

*En esta autobiografía, los sucesos se cuentan en una secuencia. Veo la palabra* primero *en "Primavera en la ciudad", en la página 55. Leeré para ver cómo continúa. Buscaré, como ayuda, las palabras que indican secuencia.*

| Suceso |
| --- |
| Primero, mamá y papá plantaron semillas en macetas. |

↓

| Suceso |
| --- |
| Luego, las colgaron con portamacetas. |

↓

| Suceso |
| --- |
| |

## Tu turno

Vuelve a leer "Primavera en la ciudad". ¿Qué sucede después? Escribe en tu organizador gráfico los sucesos, en orden.

**¡Conéctate!**
*Usa el organizador gráfico interactivo.*

# Narrativa de no ficción

"Un jardín para todos" es una autobiografía.
La **autobiografía**:

- Es un tipo de narración de no ficción.
- Cuenta, en orden, la vida de una persona real.
- Está escrita por esa misma persona, que usa palabras como *yo*, *mi* y *me*.

 **Busca evidencias en el texto**

*Sé que "Un jardín para todos" es una autobiografía.*
*Kiku cuenta su vida real. Usa palabras como* yo *y* mi.

| página 55 |
| --- |

### Primavera en la ciudad

Me llamo Kiku Sato. La primavera pasada me mudé con mi familia del campo a la ciudad.

La casa nueva en Portland no tenía jardín. Tampoco tenía una porción de tierra, entonces, decidimos hacer un jardín interior. Primero, mamá y papá plantaron semillas en macetas. Luego, las colgaron con portamacetas y, después, pusieron plantas en los estantes. Las enredaderas **tropezaban** con los libros de la **biblioteca**; nuestra casa tenía muchas plantas.

Al principio, me **asustaba** la idea de ir a la escuela y de no encontrar amigos. Pero un día conocí a una compañera: Jill Hernández. Ella y yo **practicábamos** lectura en voz alta. Ella me ayudó a decir su apellido y yo la ayudé a **pronunciar** el mío. Nos hicimos grandes amigas. Pasábamos mucho tiempo juntas.

WASHINGTON • PENDLETON
PORTLAND
• SALEM
O E
S
**OREGÓN**
EUGENE •
REFERENCIAS
• CIUDAD
★ CAPITAL
~ RÍO
• ASHLAND

*Mapa de Oregón*

55

## Características del texto

**Títulos** Los títulos indican el tema principal de la sección.

**Mapa** Un mapa es un dibujo plano de un lugar real.

 COLABORA

## Tu turno

Busca pistas en "Un jardín para todos" que indiquen que es una autobiografía. Comenta con tu compañero o compañera lo que aprendiste sobre Kiku y su cultura.

# Palabras compuestas

Una palabra compuesta está formada por dos palabras más pequeñas. Piensa en sus significados para descubrir el significado de la palabra compuesta.

 **Busca evidencias en el texto**

*Veo la palabra* mediodía *en la página 59. Está formada por dos palabras más pequeñas,* medio y día. *Sé que* medio *es la mitad de algo. Entonces,* mediodía *significa a la mitad del día, o a las 12:00 a. m.*

Hicimos una comida al aire libre, al mediodía.

 COLABORA

## Tu turno

Descubre el significado de estas palabras compuestas en "Un Jardín para todos".

**portamacetas,** *página 55*
**boquiabierta,** *página 56*

Meryl Treatner

# De lectores...

Los escritores presentan sus ideas en orden y usan palabras como *primero, luego, a continuación, después* y *por último*. Lee este párrafo de "Un jardín para todos". Piensa en cómo organiza las ideas la autora.

**Ejemplo modelo**

## Secuencia

Menciona dos palabras que indiquen secuencia. ¿De qué manera estas palabras te ayudan a comprender cómo está organizada la narración?

## Primavera en la ciudad

La casa nueva en Portland no tenía jardín. Tampoco tenía una porción de tierra, entonces, decidimos hacer un jardín interior. Primero, mamá y papá plantaron semillas en macetas. Luego las colgaron con portamacetas y, a continuación, pusieron plantas en los estantes.

Meryl Treatner

# a escritores

Ed escribió un texto sobre algo que le sucedió. Lee sus correcciones.

## Marcas de corrección

≡ Mayúscula

/ Minúscula

⊙ Agregar punto

∧ Insertar

ℐ Eliminar

### Manual de gramática

Página 472
**El sujeto**

**Ejemplo del estudiante**

# Mi vida

Cuando era pequeño, vivimos ~~viviamos~~
∧

Primero,
con mi abuela. Ella vivía en méxico.
∧                        ≡

≡ luego se mudó a Texas. Yo fui a la

escuela allí. A mi familia le gustaba

⊙
Texas. Ahora tenemos nuestra
∧

propia casa. Nos mudamos y ahora

vive
mi abuela con
∧

sus mascotas.

TEXAS

Ed H.

## Tu turno

COLABORA

☑ Identifica palabras que indican secuencia.
☑ Identifica un sujeto.
☑ Comenta cómo las correcciones mejoraron el texto.

**¡Conéctate!**
*Escribe en el rincón del escritor.*

65

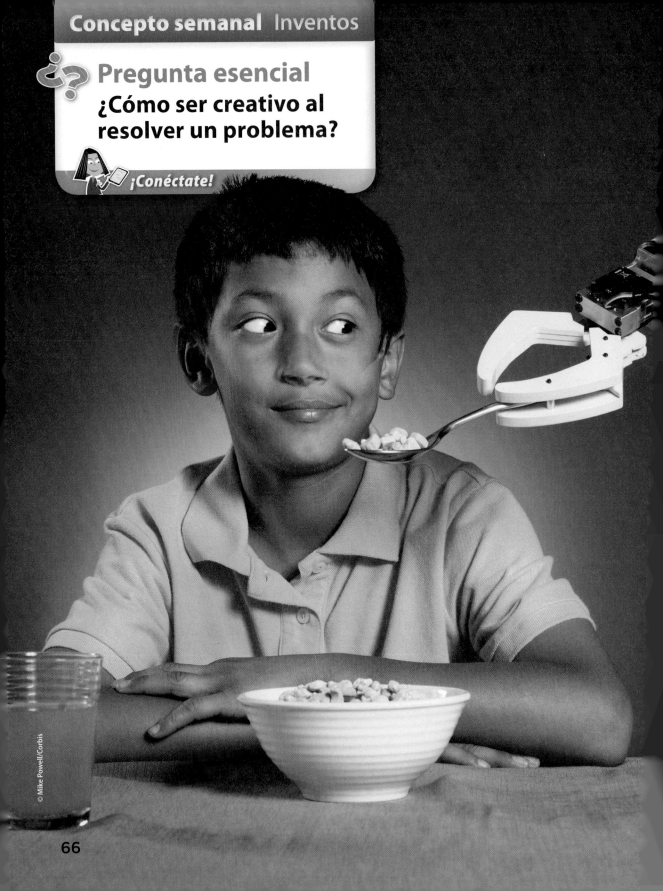

**Pregunta esencial**

¿Cómo ser creativo al resolver un problema?

¡Conéctate!

© Mike Powell/Corbis

# Inventando cosas nuevas

Casi todos los inventos comienzan con un problema y una idea para resolverlo.

▶ Los inventos mejoran nuestra vida.

▶ Algunos inventos nos enseñan algo.

▶ Otros inventos nos entretienen.

Coméntalo · COLABORA

Conversa con un compañero sobre los inventos. Escribe sobre cómo los inventores encuentran ideas nuevas.

|  |  |  |
| --- | --- | --- |
|  |  |  |

Inventos

# Vocabulario

**Mira las fotos y lee las oraciones para comentar cada palabra con un compañero o una compañera.**

**animar**

El maestro nos **animó** a comer meriendas saludables.

*Menciona algo que alguien te haya animado a hacer.*

**calidad**

Me siento seguro con un casco de buena **calidad**.

*¿Por qué compramos cosas de buena calidad?*

**diseñar**

Juan y Andy están ayudando a **diseñar** un mural para la nueva pared de la escuela.

*¿Cómo diseñarías algo nuevo?*

**examinar**

El veterinario quiso **examinar** a mi perro para asegurarse de que estuviera bien de salud.

*¿Qué significa la palabra examinar?*

**invento**

Tom busca objetos para su **invento**.

*¿Qué ideas tienes para un invento?*

**simple**

Pasear a mi perro es una forma **simple** y fácil de divertirme.

*¿Qué palabra significa lo mismo que simple?*

**solución**

Marco encontró una **solución** para mejorar sus calificaciones.

*¿Qué significa encontrar una solución?*

**sustituto**

Las frutas son **sustitutos** saludables de los caramelos.

*Menciona otros dos sustitutos saludables de los caramelos.*

COLABORA

## Tu turno

Elige tres palabras y escribe tres preguntas para tu compañero o compañera.

*¡Conéctate!* *Usa el glosario digital ilustrado.*

# EL GRAN INVENTO DE
# Mary Anderson

## ¿? Pregunta esencial

**¿Cómo ser creativo al resolver un problema?**

Lee acerca de cómo alguien inventó algo para resolver un problema.

Malene Laugesen

**Q**uizá creas que andar en autobús o en carro fue siempre igual, pero no es así. Los primeros carros no eran tan veloces, pero sí muy ruidosos... ¡y no tenían limpiaparabrisas!

Cuando llovía, los conductores limpiaban el parabrisas con una cebolla. El aceite de la cebolla rechazaba la lluvia y el aguanieve. No era la mejor **solución**, pero no contaban con **sustitutos** mejores. No había otra cosa que funcionara. Y entonces, una mujer llamada Mary Anderson resolvió el problema.

## Todo empezó con la nieve

Mary Anderson se crió en Alabama. En el invierno de 1902, visitó la ciudad de Nueva York. Era un día frío y ventoso. El cielo era una cortina gris. La nieve, una sábana blanca que cubría el suelo. Mary se había mojado y tenía frío. Tomó un tranvía porque quería secarse y calentarse un poco.

En ese entonces, los parabrisas de algunos tranvías tenían dos partes y había que empujarlos para abrirlos. Mary observaba que la nieve se acumulaba sobre el parabrisas y el conductor no podía ver bien. Abría el parabrisas para ver mejor. Entonces, la cara se le llenaba de nieve. Enseguida la nariz y las orejas se le convertían en cubitos de hielo.

Otros vehículos se detenían. Los conductores salían del carro para limpiar el parabrisas. Luego seguían conduciendo. Por lo tanto, el tráfico era lento.

Malene Laugesen

## El siguiente paso

Mary comenzó a pensar en este problema. ¿Cómo se podría limpiar un parabrisas sin detenerse? ¿Sería posible hacerlo sin tener que abrirlo?

En Alabama, Mary hizo un borrador de su idea. Luego, añadió notas. **Examinó** su solución para asegurarse de que funcionara. A continuación, investigó sobre el tema. Buscó datos sobre las necesidades de los conductores e inventó un limpiaparabrisas que se pudiera usar sin tener que salir del carro. Luego lo **diseñó**. En el papel, el **invento** parecía **simple**. Mary esperaba que a los conductores les resultara fácil de usar.

## Limpiaparabrisas de Mary Anderson

Escobilla

Parabrisas

El primer limpiaparabrisas se movía con una manija que estaba en el interior del carro.

Mary mandó construir un modelo. Estaba hecho con madera de buena **calidad**, caucho y metal. Cuando estuvo listo lo pusieron a prueba. El conductor debía mover una manija desde el interior del carro. La manija movía una escobilla una y otra vez a lo largo del vidrio. ¡Funcionaba! ¡La idea de Mary era una joya! Este resultado la **animó**. Ahora podría vender su invento.

## Resolver el problema

El invento de Mary resolvió un problema, pero la gente empezó a utilizarlo muchos años después porque la mayoría no tenía carro.

En 1913, los carros ya contaban con limpiaparabrisas. Al fin, conducir fue más fácil y seguro, gracias a la idea de Mary Anderson.

## Más seguridad al conducir

Los carros antiguos eran distintos de los actuales. Estos son otros inventos que ayudaron al conductor:

- El cinturón de seguridad se usa desde 1885.
- El semáforo se usa desde 1915.
- Los carros usan luces direccionales desde 1938.

## ⟨?⟩ Haz conexiones

¿De qué manera un problema condujo a una nueva idea? **PREGUNTA ESENCIAL**

¿Qué inventos han mejorado tu vida? **EL TEXTO Y TÚ**

Malene Laugesen

# Hacer y responder preguntas

Mientras lees "El gran invento de Mary Anderson" piensa en una pregunta. Luego busca detalles que apoyen tu respuesta.

## Busca evidencias en el texto

Mira la sección "Todo empezó con la nieve". Piensa en una pregunta. Luego lee para responderla.

página 72

### Todo empezó con la nieve

Mary Anderson se crió en Alabama. En el invierno de 1902, visitó la ciudad de Nueva York. Era un día frío y ventoso. El cielo era una cortina gris. La nieve, una sábana blanca que cubría el suelo. Mary se había mojado y tenía frío. Tomó un tranvía porque quería secarse y calentarse un poco.

En ese entonces, los parabrisas de algunos tranvías tenían dos partes y había que empujarlos para abrirlos. Mary observaba que la nieve se acumulaba sobre el parabrisas y el conductor no podía ver bien. Abría el parabrisas para ver mejor. Entonces, la cara se le llenaba de nieve. Enseguida la nariz y las orejas se le convertían en cubitos de hielo.

Otros vehículos se detenían. Los conductores salían del carro para limpiar el parabrisas. Luego seguían conduciendo. Por lo tanto, el tráfico era lento.

*Tengo una pregunta. ¿Por qué los conductores abrían los parabrisas? <u>Leí que los parabrisas tenían dos partes. Había que empujar para abrirlos. Los conductores lo hacían para ver el camino</u>. Ahora puedo responder mi pregunta. Abrir el parabrisas les permitía ver mejor.*

## Tu turno

COLABORA

Piensa en una pregunta sobre el invento de Mary. Por ejemplo: ¿Cómo funcionaba? Vuelve a leer la página 74 para responderla.

# Causa y efecto

Una causa es la razón por la que sucede algo. Un efecto es la consecuencia. Ambos se desarrollan en secuencias. Las palabras *porque* y *por tanto* indican causas y efectos.

 ## Busca evidencias en el texto

*Mary tomó un tranvía. Ese es el efecto. Ahora buscaré la causa. Estaba mojada y tenía frío. Quería calentarse. La palabra* porque, *en la página 72, me ayuda a identificar la causa y el efecto.*

| Causa | Efecto |
|---|---|
| **Primero** Mary se había mojado, tenía frío y quería calentarse. | Mary tomó un tranvía. |
| **Luego** La nieve se acumulaba sobre el parabrisas. | |

## Tu turno

COLABORA

Vuelve a leer "El gran invento de Mary Anderson". Halla más causas y efectos. Escribe los sucesos en orden en el organizador gráfico.

*¡Conéctate!*
*Usa el organizador gráfico interactivo.*

# Biografía

"El gran invento de Mary Anderson" es una biografía.
La **biografía**:

- Cuenta la vida real de una persona escrita por otra persona.
- Sigue una secuencia, o un orden cronológico.
- Puede tener diagramas o notas al margen.

## Busca evidencias en el texto

*"El gran invento de Mary Anderson" es una biografía.*
*Es una historia sobre la vida de una persona real. Está*
*escrita por otra persona. Los sucesos se cuentan en orden.*

página 73

**El siguiente paso**

Mary comenzó a pensar en este problema. ¿Cómo se podría limpiar un parabrisas sin detenerse? ¿Sería posible hacerlo sin tener que abrirlo?

En Alabama, Mary hizo un borrador de su idea. Luego, añadió notas. **Examinó** su solución para asegurarse de que funcionara. A continuación, investigó sobre el tema. Buscó datos sobre las necesidades de los conductores e inventó un limpiaparabrisas que se pudiera usar sin tener que salir del carro. Luego lo **diseñó**. En el papel, el **invento** parecía **simple**. Mary esperaba que a los conductores les resultara fácil de usar.

**Limpiaparabrisas de Mary Anderson**

Parabrisas

Escobilla

El primer limpiaparabrisas se movía con una manija que estaba en el interior del carro.

## Características del texto

**Diagramas** Los diagramas son dibujos simples con rótulos.

**Notas al margen** Tienen más información sobre un tema.

COLABORA

**Tu turno**

Vuelve a leer "El gran invento de Mary Anderson". Busca características del texto. Comenta lo que aprendiste de cada una de ellas.

Malene Laugesen

# Metáforas

La metáfora "El sol es una pelota amarilla" compara dos cosas que son muy distintas, sin usar la palabra *como*. Busca metáforas mientras lees.

 **Busca evidencias en el texto**

*En la página 72, veo la oración "El cielo era una cortina gris". Compara al cielo con una cortina gris pero no usa la palabra* como. *Significa que el cielo estaba oscuro y nublado. Esta metáfora me ayuda a imaginar ese cielo.*

"El cielo era una cortina gris".

 COLABORA

## Tu turno

Comenta las siguientes metáforas que aparecen en el texto. ¿Qué cosas comparan?

*La nieve, una sábana blanca que cubría el suelo.*
Página 72

*Enseguida la nariz y las orejas se le convertían en cubitos de hielo.*
Página 72

Malene Laugesen

**79**

# De lectores...

Los escritores presentan sus ideas en orden. Para indicar cuándo suceden las cosas usan palabras como *primero, luego* y *por último*. Vuelve a leer el siguiente fragmento de "El gran invento de Mary Anderson".

## Palabras que indican secuencia

Busca palabras que indiquen cuándo suceden las cosas. ¿Cómo te ayudan a poner en orden las ideas?

**Ejemplo modelo**

En Alabama, Mary hizo un borrador de su idea. Luego añadió notas. Examinó su solución para asegurarse de que funcionara. A continuación, investigó sobre el tema. Buscó datos sobre las necesidades de los conductores e inventó un limpiaparabrisas que se pudiera usar sin tener que salir del carro.

Malene Laugesen

# a escritores

## Marcas de corrección

≡ Mayúscula

/ Minúscula

⊙ Agregar punto

∧ Insertar

⤴ Eliminar

**Manual de gramática**

Página 472

**El predicado**

Juan escribió un texto sobre un inventor.
Lee sus correcciones.

**Ejemplo del estudiante**

### Garrett Morgan

Garrett Morgan, ~~N~~ació en

~~M~~arzo de 1877. Él inventó cosas

para que las personas tuvieran

más seguridad. Primero inventó

Luego

el semáforo. una máscara⊙Las
                    ∧

personas usaban la máscara para

también

respirar aire puro, y para apagar
                      ∧

incendios. todavía usamos
           ≡

sus inventos.

Juan F.

## Tu turno

**COLABORA**

☑ Identifica palabras
que indiquen
secuencia.

☑ Busca un predicado.

☑ Comenta cómo
las correcciones
mejoraron el texto.

*¡Conéctate!*
*Escribe en el rincón del escritor.*

## Pregunta esencial

¿Cómo nos ayudan los monumentos a entender la historia de nuestro país?

¡Conéctate!

Ronnie James/Alamy

# ENTENDIENDO EL PASADO

Martin Luther King Jr. tuvo un papel importante en la historia de nuestro país. Este monumento rinde homenaje a su vida.

► Los monumentos enseñan sobre personas y hechos importantes de la historia.

► Los hitos y los monumentos nos ayudan a recordar y a comprender la historia.

## Coméntalo

Escribe algunas palabras relacionadas con los monumentos. Comenta en pareja qué nos enseñan sobre el pasado.

Monumentos

# Vocabulario

**Mira las fotos y lee las oraciones para comentar cada palabra con un compañero o una compañera.**

**grandioso**

Diana se sentó a observar la **grandiosa** vista del lago.

¿Qué cosas hacen que un paisaje sea grandioso?

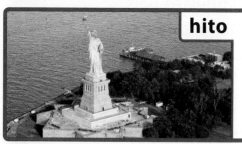

**hito**

La Estatua de la Libertad es un **hito** histórico de Estados Unidos.

¿Qué otros hitos puedes nombrar?

**masivo**

La televisión es un medio **masivo** de comunicación.

¿Qué palabra significa lo mismo que masivo?

**monumento**

Este **monumento** rinde homenaje a los líderes de nuestro país.

Describe un monumento que conozcas.

**nacional**

El Cuatro de Julio es un feriado **nacional**.

Nombra otro feriado nacional.

**pista**

Estas huellas son **pistas** que indican que un perro pasó hoy por aquí.

¿Qué pistas te indican que es probable que llueva?

**rastro**

Por la mañana, encontramos **rastros** de nieve sobre las plantas.

¿Qué palabra significa lo mismo que rastros?

**tallar**

Un río poderoso **talló** este cañón en la roca.

¿Qué otros materiales se pueden tallar?

**COLABORA**

## Tu turno

Elige tres palabras y escribe tres preguntas para tu compañero o compañera.

*¡Conéctate!* **Usa el glosario digital ilustrado.**

## Pregunta esencial

**¿Cómo nos ayudan los monumentos a entender la historia de nuestro país?**

Lee sobre lo que nos enseña un monumento nacional.

# Una belleza natural

El Gran Cañón es un **hito** famoso en Estados Unidos, ¡y es inmenso! Tiene una profundidad de más de una milla y un ancho de más de diez millas. El río Colorado lo **talló** en la roca. Atraviesa cuatro estados. ¡Es el Gran Cañón!

## Exploración del cañón

El Gran Cañón recibe la visita **masiva** de turistas. Casi cinco millones de personas por año visitan este tesoro **nacional**. Gente de todo el mundo viene para caminar por sus senderos, pasear en barco por el río Colorado y contemplar los **grandiosos** acantilados de color rojo y marrón.

Los amantes de la naturaleza también vienen en busca de animales en peligro de extinción y a observar las plantas. Aquí pueden divisar águilas, pumas, serpientes, arañas y murciélagos. Algunos visitantes vienen a aprender la historia del cañón.

# Historia del cañón

En 1540, los exploradores europeos descubrieron el Gran Cañón. En 1857, los estadounidenses realizaron una expedición científica. Encontraron que grupos de indígenas habían vivido allí. Uno de estos grupos era el Pueblo ancestral.

Los indígenas de Pueblo ancestral vivieron en el Cañón durante casi mil años. Eran agricultores y cazadores. Los científicos hallaron **rastros**, o partes, de sus antiguos hogares.

**Los indígenas de Pueblo ancestral vivían en casas en los acantilados.**

Los científicos también hallaron rocas en el Gran Cañón. Son algunas de las más antiguas del mundo. Estas sirven como **pistas** para saber cómo se formó el cañón. Algunos científicos buscaron pistas sobre la gente que vivió allí y hallaron herramientas y restos de artesanías.

## Un parque grandioso

**Este mapa muestra la ubicación del Gran Cañón.**

UTAH

NEVADA

PARQUE NACIONAL DEL GRAN CAÑÓN

Río Colorado

N
O — E
S

Lago Mead

○ Las Vegas

15

Río Colorado

Cuenca Norte

Ciudad del ○
Gran Cañón

ARIZONA

○ Ciudad
— Carretera
Parque Nacional

Kingman

40

Flagstaff

## Un hito histórico

El presidente Theodore Roosevelt visitó el Gran Cañón en 1903. Vio su belleza y dijo que era un lugar especial. Por eso, lo declaró **monumento** nacional. Luego, en 1919, fue declarado parque nacional. Esto significa que la tierra está protegida y que nadie puede construir viviendas allí. Es un lugar del que todos pueden disfrutar.

## Proteger el cañón

Es importante que la gente cuide los hitos nacionales. Todos podemos ayudar cumpliendo las reglas cuando los visitamos. Los animales y la vida salvaje están a salvo allí y no debemos tocarlos. Los ríos tienen que mantenerse limpios. Aún queda mucho por aprender sobre este hermoso hito. Debemos protegerlo. Esperamos poder disfrutarlo por muchos años más.

El carnero de las Rocosas vive en el Gran Cañón.

## Haz conexiones

¿Qué enseñanza nos deja el Gran Cañón sobre la historia? **PREGUNTA ESENCIAL**

¿Cuál es el dato más interesante sobre la historia del Gran Cañón? **EL TEXTO Y TÚ**

# Hacer y responder preguntas

Mientras lees piensa en una pregunta. Luego, busca detalles que apoyen tu respuesta.

## Busca evidencias en el texto

Vuelve a leer la sección "Exploración del Cañón", en la página 87. Piensa en una pregunta. Luego, responde.

**página 87**

### Exploración del Cañón

El Gran Cañón recibe la visita **masiva** de turistas. Casi cinco millones de personas por año visitan este tesoro **nacional**. Gente de todo el mundo viene para caminar por sus senderos, pasear en barco por el río Colorado y contemplar los **grandiosos** acantilados de color rojo y marrón.

Los amantes de la naturaleza también vienen en busca de animales en peligro de extinción y a observar las plantas. Aquí pueden divisar águilas, pumas, serpientes, arañas y murciélagos. Algunos visitantes vienen a aprender la historia del cañón.

87

*Tengo una pregunta. ¿Por qué la gente visita el Gran Cañón? Leo que a la gente le gusta recorrer los senderos y dar paseos en barco. También van a mirar los animales y los acantilados. Algunos van allí para aprender historia.*
*Ahora, puedo responder mi pregunta. La gente visita el cañón por muchos motivos.*

## Tu turno

COLABORA

Vuelve a leer "Historia del Cañón". Piensa en una pregunta, por ejemplo: ¿podemos saber algo acerca de la gente que vivía antiguamente en el Gran Cañón? Lee la sección otra vez para hallar la respuesta.

# Idea principal y detalles clave

La idea principal es lo más importante de un tema. Los detalles agregan información a la idea principal. Identifica los detalles para descubrir la idea principal.

## Busca evidencias en el texto

*¿Por qué la gente visita el Gran Cañón? Volveré a leer la página 87 para hallar detalles. Luego, los usaré para descubrir la idea principal.*

| Idea principal |
| --- |
| **Detalle** |
| La gente camina por los senderos y pasea en barco por el río. |
| **Detalle** |
| Contemplan los grandiosos acantilados de color rojo y marrón. |
| **Detalle** |

## Tu turno

COLABORA

Escribe más detalles en el organizador gráfico sobre por qué la gente visita el Gran Cañón. Luego, usa los detalles para descubrir la idea principal.

*¡Conéctate!*
**Usa el organizador gráfico interactivo.**

# Texto expositivo

"Una belleza natural" es un texto expositivo.
El **texto expositivo**:

- Brinda datos e información sobre un tema.
- Incluye otras características, como fotografías, pies de fotos, notas al margen y mapas.

## Busca evidencias en el texto

*Sé que "Una belleza natural" es un texto expositivo porque tiene datos e información sobre el Gran Cañón. También tiene fotografías, pies de fotos y un mapa.*

---

**página 88**

### Historia del cañón

En 1540, los exploradores europeos descubrieron el Gran Cañón. En 1857, los estadounidenses realizaron una expedición científica. Encontraron que grupos de indígenas habían vivido allí. Uno de estos grupos era el Pueblo ancestral.

Los indígenas de Pueblo ancestral vivieron en el Cañón durante casi mil años. Eran agricultores y cazadores. Los científicos hallaron **rastros**, o partes, de sus antiguos hogares.

Los indígenas de Pueblo ancestral vivían en casas en los acantilados.

Los científicos también hallaron rocas en el Gran Cañón. Son algunas de las más antiguas del mundo. Estas sirven como **pistas** para saber cómo se formó el cañón. Algunos científicos buscaron pistas sobre la gente que vivió allí y hallaron herramientas y restos de artesanías.

**Un parque grandioso**

Este mapa muestra la ubicación del Gran Cañón.

UTAH

NEVADA

PARQUE NACIONAL
DEL GRAN CAÑÓN

Las Vegas

Cuenca Norte

Ciudad del
Gran Cañón

ARIZONA

○ Ciudad
— Carretera
■ Parque Nacional

Kingman

Flagstaff

88

## Características del texto

**Pies de fotos** Los pies de fotos ofrecen información adicional.

**Mapas** Son ilustraciones planas de lugares reales.

**Notas al margen** Brindan más información sobre un tema.

COLABORA

### Tu turno

Busca otras características del texto en "Una belleza natural". ¿Has aprendido más cosas?

# Palabras de significados múltiples

Son palabras que tienen más de un significado. Vuelve a leer la oración para descubrir su significado en el contexto.

 **Busca evidencias en el texto**

*En la página 87 veo la palabra* tesoro. *Esta palabra puede significar "joya valiosa". La oración "casi cinco millones de personas por año ven este tesoro nacional" es una pista que me ayuda a deducir que es algo de mucho valor. Ahora sé que aquí "tesoro" significa "algo muy valioso".*

Casi cinco millones de personas por año ven este tesoro nacional.

## Tu turno

Busca claves de contexto. Úsalas para hallar el significado de estas palabras.

**cañón,** *página 87*
**salvo,** *página 89*

# De lectores...

En general, los escritores utilizan distintos tipos de oraciones en sus redacciones. Las oraciones afirmativas, interrogativas y exclamativas hacen que un texto sea más interesante. Vuelve a leer este fragmento de "Una belleza natural".

## Tipos de oraciones

Con un compañero o una compañera, identifica dos **tipos de oraciones**. ¿Cómo ayudan a que el artículo sea más interesante?

El Gran Cañón es un hito famoso en Estados Unidos, ¡y es inmenso! Tiene una profundidad de más una milla y un ancho de más de diez millas. El río Colorado lo talló en la roca. Atraviesa cuatro estados.

# a escritores

## Marcas de corrección

≡ Mayúscula

/ Minúscula

⊙ Agregar punto

∧ Insertar

ℐ Eliminar

**Manual de gramática**

Página 472
**Oraciones
compuestas**

Ramón escribió acerca de la importancia de los parques nacionales. Lee el texto y fíjate en sus correcciones.

## Ejemplo del estudiante

NUESTROS PARQUES SON IMPORTANTES

¿Crees que los parques nacionales

son importantes para nuestro

país? la gente los visita para ver

animales, Van para divertirse. Allí

y también

Pueden caminar, andar en bicicleta

y jugar⊙ Es importante proteger los

parques abiertos. Todoˢ deberían

visitar los parques nacional.

es

Por Ramón H.

Parque
Nacional

## Tu turno

COLABORA

- ☑ Identifica distintos tipos de oraciones.
- ☑ Identifica las oraciones simples y compuestas.
- ☑ Explica de qué manera las revisiones mejoraron el texto.

**¡Conéctate!**
*Escribe en el rincón del escritor.*

# Unidad 2

# Resuélvelo

## La gran idea
¿Qué esfuerzos necesitas hacer para resolver problemas?

96

# Ciudad laberinto

He pintado un mapa
sobre la solapa
de mi libreta.

Un mapa pequeño
de una ciudad grande
que no se está quieta.

Las calles se enredan,
la gente se escapa
y los coches ruedan
sobre mi mapa.

Lo pliego y despliego,
lo arrugo y estiro,
lo pinto y despinto,
lo miro y remiro,
y cada vez veo un sitio distinto:
ciudad hormiguero,
ciudad telaraña,
ciudad basurero,
¡ciudad laberinto!

*Pedro Mañas*

© Del texto: Pedro Mañas, 2009
De la edición: Kalandraka Ediciones Andalucía, 2010.
Illustrated by Steven Mach

**Concepto semanal** Cooperación

## ¿? Pregunta esencial

### ¿Por qué es mejor trabajar en equipo para resolver problemas?

¡Conéctate!

# TRABAJO EN EQUIPO

Estas amigas se encontraron con un problema. Ahora están trabajando juntas para resolverlo.

▶ El trabajo en equipo es una buena manera de resolver problemas.

▶ La cooperación facilita la tarea.

## Coméntalo

Escribe palabras sobre el trabajo en equipo en el organizador gráfico. Comenta con tu pareja sobre cómo ayuda el trabajo en equipo.

# Vocabulario

**Mira las fotos y lee las oraciones para comentar cada palabra con un compañero o una compañera.**

**aleta**

El pingüino usa las **aletas** para nadar.

Nombra otros animales que tengan aletas.

**comprometido**

Mi clase está **comprometida** a montar una obra de teatro.

¿En qué proyecto estuviste comprometido últimamente?

**cooperación**

Limpié el piso más rápido con la **cooperación** de Sandra.

¿Por qué la cooperación hace las tareas más fáciles?

**enredar**

El viento **enredó** el cabello de mi amiga.

¿Qué otras cosas se pueden enredar?

**escama**

La piel de la serpiente está recubierta de **escamas**.

¿Conoces otros animales que tengan escamas?

**escondite**

El gato asomó la cabeza desde su **escondite**.

¿Qué animales buscan escondite en los huecos de los troncos?

**rapidez**

Los niños corrían con **rapidez** para ganar la carrera.

¿Es saludable comer con demasiada rapidez?

**unir**

Tom y su abuelo **unieron** las partes de una caja.

¿Qué palabra significa lo opuesto de unir?

COLABORA

## Tu turno

Elige tres palabras y escribe tres preguntas para tu compañero o compañera.

**¡Conéctate!** *Usa el glosario digital ilustrado.*

# Un lago feliz

Diego Kochmann

## ¿? Pregunta esencial

**¿Por qué es mejor trabajar en equipo para resolver problemas?**

Lee y descubre cómo las familias de un pueblo resolvieron juntas un problema.

La vida en el pueblo de pescadores Tanger era muy tranquila. Nada alborotaba la paz de los pobladores. Ellos se levantaban muy temprano, y con sus botes se dirigían al lago a pescar. Era un lago muy grande. No como los lagos del Sur, que eran más pequeños.

Pero un día, un ruido extraño apareció desde lejos. Era un ruido fuerte, que provenía de una lancha que se acercaba con **rapidez**. Juan, un joven pescador, había comprado esa lancha.

"Con esta lancha avanzaré con más velocidad que los propios peces. Pescaré muchos antes de que lleguen a sus **escondites** bajo las piedras", pensaba Juan.

Y aceleró su lancha con máxima potencia.

Los demás pescadores no se alegraron al ver la lancha, sino que se enojaron mucho. El motor era muy ruidoso por eso el lago dejó de ser silencioso. Y no solo los pescadores se enfadaron, sino que los peces también se escondieron, huyendo del ruido que causaba el bote.

Así fue como se marcharon todos los peces del lago. De un día para otro.

Con el paso del tiempo, en lugar de resolverse, el problema se complicaba más. El hambre de la gente era cada vez mayor. Ya no tenían ni una **escama**, ni una **aleta** de pez para masticar. Los peces habían encontrado un lugar en donde esconderse y ya no salían más. El escondite era tan pequeño que al nadar se chocaban y **enredaban** unos con otros.

"Esta situación no puede continuar así", pensaban los pescadores, que ya no tenían qué pescar.

Tras observar cada detalle desde las alturas, las nubes decidieron protestar.

—Si no se apaga ese motor, nosotras no provocaremos más lluvias —gritaron hacia abajo para que las oyeran las personas del pueblo.

—Si no llueve más, se secará el lago —gritaron asustados los pescadores.

El lago también habló.

—Si no se apaga ese motor, agitaré mis aguas día y noche. Así, ningún bote podrá navegar sobre mí.

Los pescadores comenzaron a preocuparse. Y aún más cuando escucharon a las montañas, que se unieron a la protesta de las nubes y del lago.

—Si no se apaga ese motor, no taparemos más el sol —gritaron con sus fuertes voces.

Pobres pescadores. El calor era muy intenso en esa región. Y sería muy difícil aguantar todo el día sin la sombra de las montañas para protegerlos.

Así fue como cierta noche, todas las familias del pueblo decidieron **unirse** para resolver la situación. Caminaron hacia la casa de Juan y le explicaron que debía deshacerse de aquella lancha. Este era un conflicto en el que todos estaban **comprometidos**. No solo los pobladores, sino también la naturaleza. Si Juan no se deshacía de la lancha, no habría más peces para pescar, ni lluvia para las hortalizas. El pueblo se moriría de hambre y de calor. Necesitaban su **cooperación**.

Betty Herrero

Luego de hablar con Juan, pidieron una reunión con los peces, las nubes, el lago y las montañas. Ahí les explicaron que habían solucionado el problema. Juan había decidido cooperar y vendería el bote que hacía ruido.

Un nuevo y hermoso día amaneció en el pueblo Tanger. Con pescadores, peces, un lago, nubes y montañas. Todo lo que necesita un pueblo de pescadores para ser feliz.

¿? **Haz conexiones**

Cuenta cómo trabajaron en equipo los personajes del cuento.
PREGUNTA ESENCIAL

Comenta un ejemplo de cómo resuelves un problema con la ayuda de tus amigos. EL TEXTO Y TÚ

# Hacer predicciones

Busca pistas en el cuento para adivinar o predecir qué ocurrirá después. ¿Fue correcta tu predicción? Sigue leyendo para comprobarlo.

 ### Busca evidencias en el texto

Puedes hacer una predicción cuando la lancha a motor de Juan aparece haciendo mucho ruido. ¿Qué pistas en la página 104 te ayudan a confirmar si tu predicción fue correcta?

**página 104**

Los demás pescadores no se alegraron al ver la lancha, sino que se enojaron mucho. El motor era muy ruidoso por eso el lago dejó de ser silencioso. Y no solo los pescadores se enfadaron, sino que los peces también se escondieron, huyendo del ruido que causaba el bote.

Así fue como se marcharon todos los peces del lago. De un día para otro.

Con el paso del tiempo, en lugar de resolverse, el problema se complicaba más. El hambre de la gente era cada vez mayor. Ya no tenían ni una **escama**, ni una **aleta** de pez para masticar. Los peces habían encontrado un lugar en donde esconderse y ya no salían más. El escondite era tan pequeño que al nadar se chocaban y **enredaban** unos con otros.

"Esta situación no puede continuar así", pensaban los pescadores, que ya no tenían qué pescar.

Tras observar cada detalle desde las alturas, las nubes decidieron protestar.

*Predije que el ruido traería problemas. Leo en la página 104 que <u>los pescadores se enojaron mucho y que los peces también se escondieron.</u> Sigo leyendo para confirmar mi predicción.*

## Tu turno

¿Qué predicción hiciste después que las familias decidieron unirse? Sigue leyendo para comprobar tu predicción. Recuerda hacer, confirmar y revisar predicciones mientras lees.

# Tema

El tema de un cuento es el mensaje del autor. Fíjate en lo que hacen y dicen los personajes. Estos detalles te ayudarán a descubrir el tema.

 **Busca evidencias en el texto**

*En "Un lago feliz" el ruido del motor de la lancha y el hambre que todos padecen a causa de este es un problema que los personajes resuelven en equipo. Este es el tema del cuento. Puedo volver a leer para encontrar detalles clave que me ayuden a descubrirlo.*

Detalle

El lago dejó de ser silencioso.

Detalle

El hambre de la gente era cada vez mayor.

Detalle

Tema

Trabajar en equipo es un buen modo de resolver problemas.

COLABORA

**Tu turno**

Vuelve a leer "Un lago feliz". Escribe los detalles clave que hagan referencia al tema en tu organizador gráfico.

*¡Conéctate!*
*Usa el organizador gráfico interactivo.*

# Fantasía

El cuento "Un lago feliz" es una fantasía.

Sabemos que es una **fantasía** porque tiene:

- Personajes, ambientes o sucesos que no existen en la vida real.
- Dibujos para ilustrar el cuento.
- Una enseñanza.

 **Busca evidencias en el texto**

*Puedo saber que "Un lago feliz" es una fantasía porque los personajes son animales y elementos de la naturaleza que hablan. El cuento tiene una enseñanza. Las ilustraciones muestran que la historia no es real.*

**página 105**

—Si no se apaga ese motor, nosotras no provocaremos más lluvias —gritaron hacia abajo para que las oyeran las personas del pueblo.

—Si no llueve más, se secará el lago —gritaron asustados los pescadores.

El lago también habló.

—Si no se apaga ese motor, agitaré mis aguas día y noche. Así, ningún bote podrá navegar sobre mí.

Los pescadores comenzaron a preocuparse. Y aún más cuando escucharon a las montañas, que se unieron a la protesta de las nubes y del lago.

—Si no se apaga ese motor, no taparemos más el sol —gritaron con sus fuertes voces.

105

**Ilustraciones** Las ilustraciones dan más información sobre el cuento. Muestran personajes que no son reales.

**COLABORA**

**Tu turno**

Busca otro ejemplo que demuestre que "Un lago feliz" es una fantasía. Coméntalo con tu compañero o compañera.

Betty Herrero

# Antónimos

Los antónimos son palabras que tienen significados opuestos. Si no conoces una palabra, vuelve a leer la oración para adivinar el significado en su contexto.

### Busca evidencias en el texto

*En la página 104, no estoy muy seguro del significado de la palabra* ruidoso. *Pero si vuelvo a leer la oración, veo la palabra* silencioso. *Puedo comprender que el lago dejó de ser silencioso.* Silencioso y ruidoso *son antónimos.*

El motor era muy ruidoso por eso el lago dejó de ser silencioso.

## Tu turno

Busca los antónimos de estas palabras. Si no sabes su significado, lee la oración de nuevo.

**se enojaron,** *página 104*

**complicaba,** *página 104*

Comenta el significado de las palabras con un compañero o una compañera.

# De lectores...

Los escritores usan palabras de enlace para poner dos o más ideas en una sola oración. Estas palabras pueden ser: *sino, y, por eso, pero*.

## Palabras de enlace

Vuelve a leer la página 106 de "Un lago feliz".

**Ejemplo modelo**

Así fue como cierta noche, todas las familias del pueblo decidieron unirse para resolver la situación. Caminaron hacia la casa de Juan y le explicaron que debía deshacerse de aquella lancha. Este era un conflicto que comprometía a todos. No solo a los pobladores, sino también a la naturaleza. Si Juan no se deshacía de la lancha, no habría más peces para pescar, ni lluvia para las hortalizas. El pueblo se moriría de hambre y de calor. Por eso necesitaban su cooperación.

# a escritores

Marta escribió un anuncio en forma de carta que colgó en los pasillos de la escuela. Fíjate en las correcciones.

**Manual de gramática**
Página 472
**El sustantivo común y propio**

**Ejemplo del estudiante**

### Se ha perdido una cámara

Queridos compañeros:

pam y yo encontramos una

cámara de fotos en el patio de

recreo. ¿Quién la habrá perdido?

Por eso, si te falta una cámara,

acércate a mí o a pam. Estaremos

en el laboratorio.

Te esperamos,

Pam y Marta

Se ha perdido una cámara

## Tu turno

COLABORA

- ☑ Identifica palabras de enlace.
- ☑ Identifica sustantivos comunes y propios.
- ☑ Comenta cómo las correcciones mejoraron el cartel.

**¡Conéctate!**
*Escribe en el rincón del escritor.*

# Pregunta esencial

**¿Por qué la gente emigra a otros lugares?**

*¡Conéctate!*

# Buscando un **hogar**

Bienvenidos a la calle Hester en Nueva York. Muchos inmigrantes se mudaron aquí desde muy lejos. Ellos inmigraron por muchas razones.

▶ Necesitaban trabajo.

▶ Pensaban que allí encontrarían más oportunidades.

▶ Creían que su vida sería mejor.

## Coméntalo

¿Qué quiere decir inmigración? Comenta lo que hayas aprendido sobre la inmigración y escríbelo en el organizador gráfico.

Inmigración

# Vocabulario

**Mira las fotos y lee las oraciones para comentar cada palabra con un compañero o una compañera.**

**ábaco**

Mi abuelo aprendió a sumar y restar con un **ábaco**.

*¿Alguna vez usaste un ábaco?*

**almacén**

En los **almacenes** hay muchos productos.

*¿Qué puedes comprar en un almacén?*

**azotea**

Todos los días jugamos en la **azotea**.

*¿Qué otra palabra significa casi lo mismo que azotea?*

**bulto**

Armó un **bulto** con toda su ropa.

*¿Puedes llevar un bulto sobre tu cabeza?*

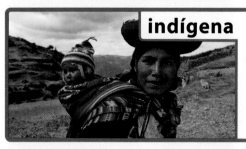

## emigrar

Las personas **emigran** cuando no consiguen empleo en su país.

¿Por qué otro motivo alguien necesitaría emigrar?

## indígena

En Bolivia y Perú hay muchos **indígenas**.

¿Qué otra palabra significa lo mismo que indígena?

## oportunidad

Nuestra clase tuvo la **oportunidad** de visitar un museo.

¿Alguna vez tuviste la oportunidad de hacer tres goles seguidos?

## peñasco

En medio del río había dos grandes **peñascos**.

¿Es fácil trepar un peñasco?

## Tu turno

COLABORA

Elige tres palabras y escribe tres preguntas para tu compañero o compañera.

**¡Conéctate!** *Usa el glosario digital ilustrado.*

# El quipus de Amaru

**Diego Kochmann**

## ¿? Pregunta esencial

### ¿Por qué la gente emigra a otros lugares?

Lee y descubre por qué una familia de campesinos indígenas decidió mudarse a la ciudad.

Matías Lapegüe

Amaru vivía en un pequeño pueblo del Perú llamado Antioquía. Allí tenía su casa, que él mismo había construido. Era una casa de piedra y de techos bajos rodeada de **peñascos**. Con la ayuda de su esposa Kuymi había pintado flores y aves de colores en las paredes. Rojas, amarillas y verdes. Era una casa humilde, pero muy hermosa.

Varios años vivieron allí, en los cuales fueron muy felices y tuvieron dos hijos. Pero, al igual que para muchos **indígenas**, la situación había cambiado. Amaru era campesino, y lo que ganaba no alcanzaba para alimentar a los pequeños.

Por eso Amaru había decidido **emigrar** a Lima, la capital del Perú. Era una ciudad muy grande y él era un hombre sano y fuerte. Seguramente había mejores **oportunidades** de trabajo.

Amaru y su familia se despidieron con tristeza de la casa y se marcharon. Tan solo llevaron un **bulto** con ropa, algo de comida y todo el dinero con que contaban, que no era mucho. Amaru no quiso dejar un quipus que había pertenecido a su familia durante generaciones. Un quipus es como un **ábaco** hecho de cuerdas con nudos. El quipus lo usaban los incas para contar. Era muy bello, con cuerdas de varios colores hechas con hilo de alpaca.

Tras un largo viaje en la parte de atrás de un camión, pudieron divisar la gran ciudad.

"La ciudad es más grande de lo que me imaginaba" pensaba Amaru mientras caminaba junto con su familia entre una gran cantidad de personas. Sorprendido, veía cómo iban apuradas de un lado a otro. "Parecen hormigas yendo y viniendo del hormiguero".

En otras épocas, los indígenas tenían que pedir permiso para ingresar a la ciudad, como si fueran extranjeros. Por suerte esto ya no era así. Sin embargo, no fue fácil llegar a una ciudad donde no conocían a nadie y en donde nadie hablaba quechua. En el Perú se habla español en la ciudad y en la montaña el quechua. Por eso se sintieron como cuatro personas invisibles.

Las primeras noches las pasaron en una plaza porque no tenían otro lugar donde dormir. Amaru se levantaba temprano y recorría las calles. Entraba en cada tienda para ofrecer sus ganas de trabajar. No importaba la tarea que debería realizar. A su vez, su esposa cuidaba a los niños en la plaza. Y aguardaba esperanzada la vuelta de su marido. Pero siempre llegaba de la misma manera: cansado y triste. Apenas si conseguía algo de pan o frutas que le daban algunos tenderos.

Pero una tarde fue distinta. Ya estaba oscureciendo, y Kuymi vio de lejos la sonrisa de su marido. Cuando se acercó vio que sus ojos brillaban como dos estrellas.

—Tengo una gran noticia —le dijo aún agitado—. Hablé con el dueño de un **almacén**. Necesita un jardinero y una cocinera para su casa.

Matías Lapegüe

Se abrazaron con fuerza. Los niños también festejaron saltando y gritando.

—Pero no perdamos tiempo. Me dijo que hoy mismo debemos comenzar. Viviremos en un cuarto en la **azotea** de su casa. No es muy grande pero podremos acomodarnos bien.

Y tomándose de las manos, la familia caminó con prisa hacia el almacén. Por supuesto, Amaru no olvidó su quipus, el que colgaría en una de las paredes de su nuevo hogar.

## ¿? Haz conexiones

¿Por qué Amaru y su familia decidieron emigrar? **PREGUNTA ESENCIAL**

¿Conoces a alguien en tu familia que se haya mudado a otro país? **EL TEXTO Y TÚ**

# Hacer predicciones

Busca pistas en el cuento para hacer predicciones.
Esto te ayudará a saber qué sucederá después. Vuelve
a leer para revisar y corregir tus predicciones.

## Busca evidencias en el texto

A Amaru no le alcanza el dinero para alimentar a sus
hijos. ¿Qué decisión tomará? Creo que emigrará a
otro lugar en busca de mejores oportunidades. Busca
detalles que confirmen tu predicción en la página 120.

**página 120**

Por eso Amaru había decidido **emigrar** a Lima, la capital del Perú. Era una ciudad muy grande y él era un hombre sano y fuerte. Seguramente había mejores **oportunidades de trabajo**.

Amaru y su familia se despidieron con tristeza de la casa y se marcharon. Tan solo llevaron un **bulto** con ropa, algo de comida y todo el dinero con que contaban, que no era mucho. Amaru no quiso dejar un quipus que había pertenecido a su familia durante generaciones. Un quipus es como un **ábaco** hecho de cuerdas con nudos. El quipus lo usaban los incas para contar. Era muy bello, con cuerdas de varios colores hechas con hilo de alpaca.

Tras un largo viaje en la parte de atrás de un camión, pudieron divisar la gran ciudad.

*Hice la predicción que Amaru
llevará a su familia a otro lugar.
Mi predicción era correcta.*

*Por eso decidió emigrar a
Lima, la capital del Perú.
Seguramente habría mejores
oportunidades de trabajo.*

COLABORA

## Tu turno

¿Puedes predecir lo que sucederá cuando
Amaru y su familia lleguen a Lima? ¿Encontrarán
trabajo? ¿Lograrán adaptarse? Sigue leyendo
para confirmar y revisar tus predicciones.

Matías Lapegüe

# Tema

El tema de un cuento es el mensaje o la idea principal que el autor quiere compartir. Para identificar el tema, fíjate en lo que hacen y dicen los personajes y en lo que sucede como resultado. Busca detalles clave que te ayuden a identificar el tema.

 **Busca evidencias en el texto**

*Amaru y su familia deben dejar su pueblo para conseguir trabajo. Ese es un detalle importante. Encontraré más detalles clave que me permitan descubrir el tema.*

| Detalle |
|---|
| Amaru y su familia dejan su pueblo para conseguir trabajo. Llevan su quipus. |

Los detalles te ayudan a identificar el tema de un cuento.

| Detalle |
|---|
| Se sienten perdidos y solitarios en la gran ciudad. |

| Detalle |
|---|
| |

| Tema |
|---|
| |

## Tu turno

COLABORA

Vuelve a leer "El quipus de Amaru" e identifica otros detalles importantes que te ayuden a descubrir el tema. Luego escríbelos en el organizador gráfico.

**¡Conéctate!**
*Usa el organizador gráfico interactivo.*

125

# Ficción histórica

Sabemos que "El quipus de Amaru" es **ficción histórica** porque:

- Puede incluir personas y hechos reales junto con personajes y sucesos inventados.
- Tiene ilustraciones que muestran detalles históricos.

 **Busca evidencias en el texto**

*Sé que "El quipus de Amaru" es ficción histórica porque la historia cuenta detalles históricos reales y habla de lugares que existen.*

**página 121**

"La ciudad es más grande de lo que me imaginaba" pensaba Amaru mientras caminaba junto con su familia entre una gran cantidad de personas. Sorprendido, veía cómo iban apuradas de un lado a otro. "Parecen hormigas yendo y viniendo del hormiguero".

En otras épocas, los indígenas tenían que pedir permiso para ingresar a la ciudad, como si fueran extranjeros. Por suerte esto ya no era así. Sin embargo, no fue fácil llegar a una ciudad donde no conocían a nadie y en donde nadie hablaba quechua. En el Perú se habla español en la ciudad y en la montaña el quechua. Por eso se sintieron como cuatro personas invisibles.

El ambiente y los sucesos existen en la vida real.

La ilustración muestra detalles de cómo es Lima.

 **COLABORA**

**Tu turno**

Busca dos ejemplos de referencias históricas. Comenta en pareja por qué "El quipus de Amaru" es ficción histórica.

Matías Lapegüe

# Símiles

Símil es la comparación entre dos cosas muy diferentes, usando las palabras *como, parece* o *igual a* para comparar. Por ejemplo: *Sus mejillas eran como dos rosas rojas.*

 **Busca evidencias en el texto**

*En la página 121, el autor dice:* "Parecen hormigas yendo y viniendo del hormiguero". *Este es un símil porque compara a las personas con las hormigas, usando la palabra* parecen *para comparar. Significa que hay tantas personas que caminan apuradas por la ciudad que se mueven de forma similar a las hormigas.*

"Parecen hormigas yendo y viniendo del hormiguero".

## Tu turno

Busca otro símil en el cuento. ¿Qué quiere decir el autor con este símil?

# De lectores...

Los escritores escogen palabras para que el lector entienda mejor la historia. Ellos usan sustantivos interesantes para nombrar personas, lugares y cosas. Vuelve a leer este pasaje de "El quipus de Amaru".

**Ejemplo modelo**

## Lenguaje preciso

¿Qué otra palabra significa lo mismo que quipus? ¿Crees que la selección de palabras ayuda a que la historia se entienda mejor?

Amaru no quiso dejar un quipus que había pertenecido a su familia durante generaciones. Un quipus es como un ábaco hecho de cuerdas con nudos. El quipus lo usaban los incas para contar. Era muy bello, con cuerdas de varios colores hechas con hilo de alpaca.

Matías Lapegüe

# a escritores

## Marcas de corrección

≡ Mayúscula

/ Minúscula

∧ Insertar

⌐ Eliminar

# Espacio

Miguel escribió un cuento sobre una familia que se muda a otro lugar. Lee el cuento y fíjate en sus correcciones.

**Manual de gramática**
Página 472
**El sustantivo**

**Ejemplo del estudiante**

### La casa nueva de Silvia

En Marzo, Silvia y su ~~madre y~~ ^familia

~~su padre y su hermana~~ se fueron

a Tampa. El padre de Silvia, el

sr. Mendez, consiguió #un nuevo

trabajo~~s~~. Al principio Silvia se

sentía triste. Luego hizo nuevos

amigo^s. Le gustaba su escuela.

Silvia era feliz en su ~~nuevo hogar~~ ^vecindario.

Por Miguel J.

## Tu turno

COLABORA

☑ Identifica sustantivos femeninos.

☑ Identifica sustantivos masculinos.

☑ Comenta cómo las correcciones mejoraron el cuento de Miguel.

**¡Conéctate!**
*Escribe en el rincón del escritor.*

**Pregunta esencial**

¿En qué forma contribuimos a que funcione el gobierno?

*¡Conéctate!*

URNA

# Nuestra voz cuenta

Hoy elegiremos al presidente de la clase. Yo votaré por Ana. Creo que ella será la mejor para esa tarea. ¡Mi voto cuenta!

▶ Votar es un modo de decir lo que piensas.

▶ Te da el poder de elegir.

## Coméntalo

Escribe palabras relacionadas con el voto. Comenta en pareja por qué es tan importante.

# Vocabulario

**Mira las fotos y lee las oraciones para comentar cada palabra con un compañero o una compañera.**

**anunciar**

Los jueces **anuncian** quién es el ganador del concurso.

*¿Alguna vez anunciaron tu nombre?*

**calcular**

Sam **calcula** la cantidad de monedas que tiene.

*¿Qué significa calcular algo?*

**candidato**

Andrés es uno de los **candidatos** a la presidencia de la clase.

*¿Qué hacen los candidatos antes de una elección?*

**convencer**

La mamá trató de **convencer** a Julia para que jugara al fútbol.

*¿Alguna vez han tratado de convencerte de algo?*

### decisión

Ema tomó la **decisión** de votar por su candidato preferido.

¿Cuál fue la última decisión que tomaste?

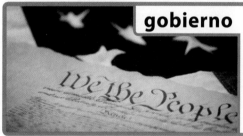

### elegir

Los estudiantes votaron para **elegir** un nuevo presidente de la clase.

¿Qué palabra significa lo mismo que elegir?

### gobierno

El **gobierno** toma decisiones.

¿Conoces alguna decisión que haya tomado nuestro gobierno?

### independiente

Debemos ser **independientes** y hacer cosas por nuestra cuenta.

¿Cómo puedes ser más independiente en tu casa?

## Tu turno

COLABORA

Elige tres palabras y escribe tres preguntas para tu compañero o compañera.

*¡Conéctate!* *Usa el glosario digital ilustrado.*

**¡Cada VOTO cuenta!**

**Vota por la mascota de la clase**

### ¿❓ Pregunta esencial

**¿En qué forma contribuimos a que funcione el gobierno?**

Lee sobre un grupo que enseña a niños sobre el poder del voto.

¿Alguna vez votaste? Tal vez **elegiste** la mascota de la clase. O tu familia votó por qué película ver. Si alguna vez votaste, entonces sabrás que te hace sentir bien. Votar es importante porque con el voto les dices a otros lo que piensas.

Hace muchos años, los líderes de Estados Unidos querían saber lo que pensaba la gente. Entonces escribieron un plan para nuestro **gobierno**. Se llama Constitución y les da a los ciudadanos de Estados Unidos el derecho a votar.

Las personas pueden votar por líderes y leyes nuevos a partir de los dieciocho años. Votar da a los estadounidenses el poder de elegir.

## Enseñar a votar a los niños

Lamentablemente, solo votan seis de cada diez estadounidenses. Algunas personas creen que votar es muy difícil. No saben bien dónde deben votar o creen que les llevará demasiado tiempo. El grupo Kids Voting USA se especializa en **convencer** a todos para que voten.

Kids Voting USA enseña a los niños que votar es importante. Les da lecciones a los maestros para que las usen en clase. Los niños leen cuentos y hacen actividades divertidas relacionadas con el gobierno. También aprenden cómo elegir un buen líder.

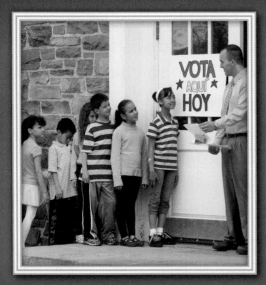

© Richard Hutchings/Corbis

¡Llegó el día de la elección!

Primero debemos firmar.

Luego los niños conversan con sus familias. Releen artículos sobre los **candidatos**, las personas que quieren ser elegidas como líderes. Las familias comentan sus ideas y toman **decisiones**. Así, en el momento de la elección, los niños saben por quién quieren votar.

El día de la elección, los niños usan papeletas de votación como las que hay en las elecciones reales. Estas papeletas tienen los nombres de los candidatos. Los niños indican allí a quién han elegido. Después, colocan la papeleta en una caja especial llamada urna. Por último, los votos se cuentan y se recuentan. Luego, se **anuncia** quién ha ganado.

**Luego marcamos una papeleta.**

**Por último, ¡votamos!**

## Vota ahora

Votar enseña a los niños a ser **independientes** porque les da el poder de decir lo que piensan. Los integrantes de Kids Voting USA quieren que los niños voten ahora. Tienen una buena razón: **calculan** que estos niños querrán votar cuando crezcan.

Dentro de unos diez años, los niños de tu edad podrán votar. Tendrás el poder de ayudar a elegir grandes líderes y nuevas leyes. ¿No es emocionante?

**En muchas escuelas se hacen elecciones para enseñar a los niños a votar.**

Phil Coale/AP Images

El gráfico de barras muestra los resultados de una elección de la clase. ¿Qué mascota fue la favorita?

Votación por la mascota de la clase

Hámster
Cangrejo ermitaño
Cobayo
Ratón

0 1 2 3 4 5 6 7 8

## Haz conexiones

Conversa sobre la importancia de votar. **PREGUNTA ESENCIAL**

Comenta cómo te sentiste al votar por primera vez. **EL TEXTO Y TÚ**

# Volver a leer

Haz una pausa y piensa en el texto. ¿Comprendes lo que estás leyendo? ¿Tiene sentido? Vuelve a leer para asegurarte de que has comprendido el texto.

## Busca evidencias en el texto

¿Entendiste por qué el autor considera que votar es importante? Vuelve a leer la página 135.

**página 135**

¿Alguna vez votaste? Tal vez **elegiste** la mascota de la clase. O tu familia votó por qué película ver. Si alguna vez votaste, entonces sabrás que te hace sentir bien. Votar es importante porque con el voto les dices a otros lo que piensas.

Hace muchos años, los líderes de Estados Unidos querían saber lo que pensaba la gente. Entonces escribieron un plan para nuestro **gobierno**. Se llama Constitución y les da a los ciudadanos de Estados Unidos el derecho a votar.

Las personas pueden votar por líderes y leyes nuevas a partir de los dieciocho años. Votar da a los estadounidenses el poder de elegir.

*Leo que <u>votar es un modo de decir lo que piensas. Es una manera de elegir nuevos líderes y leyes.</u> Ahora comprendo por qué el autor considera que votar es importante.*

**COLABORA**

## Tu turno

¿Cómo enseña Kids Voting USA a los niños a votar? Vuelve a leer las páginas 136 y 137.

# Punto de vista del autor

Los autores tienen un punto de vista sobre un tema. Busca detalles que describan lo que piensa el autor. ¿Estás de acuerdo con el punto de vista del autor?

 ## Busca evidencias en el texto

*¿Qué piensa el autor sobre votar? Vuelvo a leer el texto y busco detalles que me informan lo que piensa. Esto me ayudará a darme cuenta de cuál es su punto de vista.*

| Detalles |
|---|
| El título del texto es "¡Cada voto cuenta!". |
| El autor piensa que es triste que solo voten seis de cada diez estadounidenses. |
| Votar les da a los estadounidenses el derecho a elegir. |

*Los detalles me ayudan a conocer el punto de vista del autor.*

| Punto de vista |
|---|
| Es importante votar. Todos deberíamos votar. |

**COLABORA**

**Tu turno**

Vuelve a leer "¡Cada voto cuenta!". Busca detalles que muestren qué piensa el autor sobre Kids Voting USA y escríbelos en la tabla. ¿Cuál es el punto de vista del autor? ¿Estás de acuerdo?

*¡Conéctate!*
*Usa el organizador gráfico interactivo.*

# Texto expositivo

"¡Cada voto cuenta!" es un texto expositivo.

Es **texto expositivo** porque tiene:

- Datos e información sobre un tema.
- Títulos que indican de qué tratan las secciones.
- Características del texto, como gráficos de barras.

## Busca evidencias en el texto

*Sé que "¡Cada voto cuenta!" es un texto expositivo porque informa cómo votar. Tiene títulos y un gráfico de barras.*

página 139

El gráfico de barras muestra los resultados de una elección de la clase. ¿Qué mascota fue la favorita?

Votación por la mascota de la clase

**Haz conexiones**

Conversa sobre la importancia de votar. PREGUNTA ESENCIAL

Comenta cómo te sentiste al votar por primera vez. EL TEXTO Y TÚ

139

## Características del texto

**Títulos** El título indica el tema principal de una sección.

**Gráfico de barras** Es un tipo de dibujo especial. Sirve para comprender números e información de forma rápida y sencilla.

**Tu turno** COLABORA

Observa el gráfico de barras de la página 139. Comenta en pareja lo que aprendiste.

# Prefijos

El prefijo es la parte de una palabra que se agrega al principio y cambia su significado. El prefijo *in-* significa "no". El prefijo *re-* significa "otra vez".

 **Busca evidencias en el texto**

*En "¡Cada voto cuenta!" encuentro esta frase: "Releen artículos sobre los candidatos". La palabra* releen *tiene el prefijo* re-. *Sé que el prefijo* re- *significa "otra vez". La palabra* releen *debe significar "leen otra vez".*

**Releen artículos sobre los candidatos.**

## Tu turno

Busca prefijos. Descubre el significado de las siguientes palabras.

**recuentan,** *página 137*

**independientes,** *página 138*

# De lectores...

Los escritores usan detalles para apoyar y explicar sus ideas. Los detalles ayudan al lector a comprender el tema. Vuelve a leer este párrafo de "¡Cada voto cuenta!".

**Ejemplo modelo**

## Detalles

¿Cómo usan los votantes las papeletas? Identifica los **detalles** que ayudan al lector a comprender cómo se vota.

El día de la elección, los niños usan papeletas de votación como las que hay en las elecciones reales. Estas papeletas tienen los nombres de los candidatos. Los niños indican allí a quién han elegido. Después, colocan la papeleta en una caja especial llamada urna. Por último, los votos se cuentan y se recuentan. Luego, se anuncia quién ha ganado.

URNA

# a escritores

## Marcas de corrección

≡ Mayúscula

/ Minúscula

⊙ Agregar punto

∧ Insertar

⌇ Eliminar

Víctor escribió su opinión sobre el voto. Lee las correcciones que hizo Víctor.

**Manual de gramática**
Página 472
**El sustantivo**

## Ejemplo del estudiante

★ ★ ★ ¡Vota! ★ ★ ★

¿Vivimos en Estados Unidos?

Todos tenemos derecho a votar

¡Votar es algo muy importante!

Cuando las Personas votan, eligen nuevos líderes. Los niños pueden votar en la escuela. todos deberían votar.

Víctor M.

Urna
☐ Jim
☐ Nora
☑ María

## Tu turno

COLABORA

☑ Busca detalles.
☑ Identifica sustantivos en plural.
☑ Comenta cómo las correcciones mejoraron el texto.

**¡Conéctate!**
*Escribe en el rincón del escritor.*

## Pregunta esencial

### ¿Cómo ayudamos a que los animales sobrevivan?

¡Conéctate!

(bkgd) James R.D. Scott/Flickr/Getty Images

146

# Salvar ANiMaLes

Estos manatíes se ven felices, pero necesitan ayuda. Podemos ayudar a los animales amenazados para que sobrevivan si:

▶ Protegemos sus hábitats.

▶ Mantenemos sus hábitats limpios.

▶ Participamos en grupos especiales que ayudan a los animales.

## Coméntalo

Escribe palabras sobre lo que necesitan los animales para sobrevivir. Comenta en pareja qué puedes hacer para salvar animales.

Sobrevivir

# Vocabulario

**Mira las fotos y lee las oraciones para comentar cada palabra con un compañero o una compañera.**

**amenazar**

El incendio forestal **amenazaba** los árboles.

*¿Alguna vez te has sentido amenazado por un desastre natural?*

**cuidador**

Los **cuidadores** del zoológico alimentan a los pingüinos.

*¿Te gustaría trabajar como cuidador de animales?*

**éxito**

El concierto de Jill fue un **éxito**.

*¿Qué es un éxito para ti?*

**pariente**

Invitamos a amigos y **parientes** a comer al aire libre.

*¿Qué actividades haces con tus parientes?*

**población**

En la laguna vive una gran **población** de flamencos.

*Nombra otra población animal que viva en una laguna.*

**reconocer**

La niña se **reconoció** en el espejo.

*¿Qué palabra significa casi lo mismo que reconocer?*

**recursos**

Para crecer, las plantas necesitan **recursos**, como la luz y el aire.

*¿Qué recursos necesitan las personas para vivir?*

**sobrevivir**

Los animales no **sobreviven** sin agua.

*¿Qué más necesitan los animales para sobrevivir?*

## Tu turno

COLABORA

Elige tres palabras y escribe tres preguntas para tu compañero o compañera.

*¡Conéctate!* *Usa el glosario digital ilustrado.*

# NIÑOS al rescate

Olivia y Carter Ries,
fundadores de One More Generation

 **Pregunta esencial**

**¿Cómo ayudamos a que los animales sobrevivan?**

Lee cómo dos niños ayudaron a las tortugas marinas.

¡Qué desastre! Ese petróleo pegajoso estaba en todas partes. Estaba en el agua y cubría las rocas y la arena. A los tiburones y delfines les costaba nadar. El derrame de petróleo en el Golfo de México estaba dejando a los animales enfermos y desamparados.

Dos niños de una pequeña ciudad de Georgia se enteraron de la noticia. Vieron fotografías de tortugas marinas cubiertas de petróleo y de muchos animales que se esforzaban para poder moverse. Entonces, decidieron que era hora de hacer algo. ¡Los animales del golfo necesitaban dos héroes que los ayudaran!

## Olivia y Carter al rescate

Los héroes son Olivia y Carter Ries. Ellos formaron un grupo que se dedica a salvar animales. Olivia tenía siete años y su hermano Carter, ocho y medio. Llamaron al grupo One More Generation. Deseaban que los niños del futuro conocieran a los animales.

Olivia y Carter creen que todos podemos aportar algo. Ellos tienen un mensaje importante: todos podemos ayudar a los animales.

Olivia y Carter vieron que el derrame de petróleo se extendía por el golfo. Los animales se enfermaban. Solo quedan unos miles de ejemplares de tortuga lora en el mundo. Está en peligro de extinción y su **población** es cada vez más pequeñita. El petróleo **amenazaba** con arruinar su hogar y su hábitat.

**Olivia y Carter aprenden cómo daña el petróleo a las tortugas lora.**

**Esta tortuga hembra está limpia y saludable. La devolverán al golfo.**

## El petróleo arruina todo

Olivia y Carter se enteraron de que las tortugas hembra estaban cruzando el Golfo de México para poner sus huevos en las playas. El petróleo había destruido los **recursos** que necesitaban para sobrevivir. El petróleo dañino cubría la arena y hacía que les costara mucho nadar.

Las tortugas **sobreviven** comiendo algas, medusas y animalitos marinos. El derrame también arruinó su comida. Si no tienen comida, las tortugas se mueren.

## Salvar a las tortugas marinas

Olivia y Carter **reconocieron** rápidamente la gravedad del problema. Las tortugas necesitaban ayuda. Primero pensaron en un plan. Luego, llamaron a un grupo de rescate de Nueva Orleans. Después, supieron que necesitarían artículos de limpieza y paños. Por último, hablaron con amigos, **parientes** y vecinos. Entre todos ayudarían a quitarles el petróleo a las tortugas.

Durante cuatro meses los niños reunieron todo lo que necesitaban. Después viajaron con sus padres hasta Nueva Orleans. Los niños observaron atentamente cómo los **cuidadores** limpiaban a cientos de tortugas marinas. Gracias a muchas personas, pronto las tortugas quedaron impecables. El plan de Olivia y Carter había funcionado. ¡Fue todo un **éxito**!

**Viaje a Nueva Orleans**

Arkansas

Mississippi

Alabama

Carolina del Sur

Fayetteville

Georgia

Luisiana

OCÉANO ATLÁNTICO

Nueva Orleans

N

O ← → E

S

Florida

**Referencias**
☆ ciudad
····· ruta

Golfo de México

TSI Graphics

## El trabajo continúa

Olivia y Carter trabajan con grupos de todo el mundo. Dan charlas en museos y escuelas. Piden a los líderes de las comunidades que apoyen las leyes que protegen a los animales. Ayudan a rescatar a los animales que están en peligro.

Olivia y Carter son verdaderos héroes. Gracias a ellos, muchos animales sobrevivirán una generación más.

### Cómo ayudar a los animales

- Protege los nidos.
- Recoge la basura en los parques.
- No ensucies el agua.
- No uses bolsas de plástico.

**Carter y su mamá descargan materiales en Nueva Orleans.**

## Haz conexiones

Describe los pasos que siguieron Olivia y Carter para ayudar a las tortugas marinas. **PREGUNTA ESENCIAL**

¿Qué puedes hacer con tus amigos por los animales? **EL TEXTO Y TÚ**

Courtesy of One More Generation

# Volver a leer

Haz una pausa y piensa en el texto mientras lees. ¿Hay nuevos datos e ideas? ¿Tienen sentido? Vuelve a leer para asegurarte de que comprendes el texto.

## Busca evidencias en el texto

¿Entiendes por qué un derrame de petróleo daña a los animales? Vuelve a leer la página 151.

página 151

¡Qué desastre! Ese petróleo pegajoso estaba en todas partes. Estaba en el agua y cubría las rocas y la arena. A los tiburones y delfines les costaba nadar. El derrame de petróleo en el Golfo de México estaba dejando a los animales enfermos y desamparados.

Dos niños de una pequeña ciudad de Georgia se enteraron de la noticia. Vieron fotografías de tortugas marinas cubiertas de petróleo y de muchos animales que se esforzaban para poder moverse. Entonces, decidieron que era hora de hacer algo. ¡Los animales del golfo necesitaban dos héroes que los ayudaran!

Leo que _a los tiburones y delfines les costaba nadar. Las tortugas se esforzaban para moverse._ Estos detalles me ayudan a comprender por qué el petróleo daña a los animales.

COLABORA

## Tu turno

Vuelve a leer la sección "Olivia y Carter al rescate". Busca detalles sobre el daño que los derrames de petróleo causan a los animales.

# Punto de vista del autor

Los autores tienen un punto de vista sobre un tema. Busca detalles que indiquen qué piensa el autor. ¿Estás de acuerdo con el punto de vista del autor?

 ### Busca evidencias en el texto

*¿Qué piensa el autor sobre el trabajo de Olivia y Carter con los animales? Puedo volver a leer y buscar detalles que me indiquen qué piensa el autor.*

| Detalles |
|---|
| Olivia y Carter reconocieron que las tortugas necesitaban ayuda. |
| Olivia y Carter reunieron elementos para ayudar a las tortugas. |
| Su plan fue todo un éxito. |

*Los detalles del texto me permiten saber el punto de vista del autor.*

↓

| Punto de vista |
|---|
|  |

**Tu turno**

Vuelve a leer "Niños al rescate". Identifica y escribe el punto de vista que tiene el autor sobre los niños. ¿Estás de acuerdo con él?

**¡Conéctate!**
*Usa el organizador gráfico interactivo.*

# Texto expositivo

"Niños al rescate" es un texto expositivo.

El **texto expositivo** tiene:
- datos e información sobre un tema.
- títulos y notas al margen.
- características del texto, como mapas.

## Busca evidencias en el texto

*Puedo saber que "Niños al rescate" es un texto expositivo porque presenta datos e información sobre un grupo que ayuda a los animales. Además, tiene notas al margen y un mapa.*

página 154

**Salvar a las tortugas marinas**

Olivia y Carter **reconocieron** rápidamente la gravedad del problema. Las tortugas necesitaban ayuda. Primero pensaron un plan. Luego, llamaron a un grupo de rescate de Nueva Orleans. Después, supieron que necesitarían artículos de limpieza y paños. Por último, hablaron con amigos, **parientes** y vecinos. Entre todos ayudarían a quitarles el petróleo a las tortugas.

Durante cuatro meses los niños reunieron todo lo que necesitaban. Después viajaron con sus padres hasta Nueva Orleans. Los niños observaron atentamente cómo los **cuidadores** limpiaban a cientos de tortugas marinas. Gracias a muchas personas, pronto las tortugas quedaron impecables. El plan de Olivia y Carter había funcionado. ¡Fue todo un **éxito**!

Viaje a Nueva Orleans

Arkansas · Mississippi · Alabama · Carolina del Sur · Fayetteville · Georgia · Luisiana · OCÉANO ATLÁNTICO · Nueva Orleans · Florida · Golfo de México

**Referencias**
★ ciudad
······ ruta

154

## Características del texto

**Notas al margen** Las notas al margen dan más información sobre un tema.

**Mapa** Un mapa es un dibujo de un área. Muestra ciudades, carreteras y ríos.

COLABORA

## Tu turno

Observa las características del texto de "Niños al rescate". Comenta con tu compañero o compañera qué aprendiste.

# Sufijos

El sufijo es la parte que se agrega al final de una palabra y cambia su significado. El sufijo *-ito* significa "pequeño". El sufijo *-mente* significa "de esa manera".

 **Busca evidencias en el texto**

*En "Niños al rescate" leo esta oración: "Las tortugas sobreviven comiendo algas, medusas y animalitos marinos". La palabra animalitos tiene el sufijo -ito. Sé que el sufijo -ito significa "pequeño". La palabra animalito significa entonces "animal pequeño".*

> Las tortugas sobreviven comiendo algas, medusas y _animalitos_ marinos.

## Tu turno

Busca sufijos. Descubre el significado de las siguientes palabras en "Niños al rescate".
**pequeñita,** *página 152*
**rápidamente,** *página 154*
**atentamente,** *página 154*

# De lectores...

Los escritores usan las palabras *primero, luego, después* y *por último* para presentar los sucesos en orden cronológico, o secuencia. Estas palabras sirven para poner los sucesos en orden. Vuelve a leer el párrafo.

**Ejemplo modelo**

## Secuencia

Busca dos palabras que indiquen una secuencia. ¿Cómo ayudan al autor a **organizar** los sucesos?

Olivia y Carter reconocieron rápidamente la gravedad del problema. Las tortugas necesitaban ayuda. Primero pensaron en un plan. Luego, llamaron a un grupo de rescate de Nueva Orleans. Después, supieron que necesitarían artículos de limpieza y paños. Por último, hablaron con amigos, parientes y vecinos. Entre todos ayudarían a quitarles el petróleo a las tortugas.

Courtesy of One More Generation

# a escritores

## Marcas de corrección

≡ Mayúscula

/ Minúscula

⌄ Insertar coma

∧ Insertar

⅃ Eliminar

Meg escribió un texto sobre cómo ayudar en un refugio de animales. Lee las correcciones que hizo Meg.

**Manual de gramática**

Página 472
**El sustantivo**

**Ejemplo del estudiante**

## En el refugio

La semana pasada nuestra clase

ayudó
ay~~u~~da en el refugio de animales de
   ∧

greensville. Primero conseguimos
≡

alimento para mascotas mantas
                        ⌄
pelotas y trapos viejos. Luego los
     ⌄
llevamos al refugio Limpiamos las
                 y
                 ∧
Después
jaulas. Paseamos los perritos. Por
        ∧
último, les dimos

de comer.

Perro

## Tu turno

COLABORA

- ☑ Señala palabras que indiquen secuencia.
- ☑ Identifica sustantivos en diminutivo.
- ☑ Comenta cómo las correcciones mejoraron el texto.

*¡Conéctate!*
*Escribe en el rincón del escritor.*

**Pregunta esencial**

# ¿Cómo se nos ocurren las ideas?

¡Conéctate!

# ¿Qué hacemos ahora?

Cuando mi familia y yo paseamos en bicicleta, es mi tarea elegir el camino. A mí me gusta usar un mapa para ver por dónde vamos a pasar. Luego, mi familia y yo comentamos el recorrido.

▶ Me gusta hacer preguntas que me ayudan a decidir qué hacer.

▶ Hay muchos caminos para llegar a un lugar.

## Coméntalo

¿Alguna vez se te ha ocurrido una buena idea para resolver un problema en casa? Habla en pareja sobre cómo lo hiciste.

# Vocabulario

**Mira las fotos y lee las oraciones para comentar cada palabra con un compañero o una compañera.**

### cascabel

Mi tía es tan alegre como un **cascabel**.

¿Qué otros usos tiene el cascabel?

### imaginar

Cuando leo **imagino** los personajes y los lugares del cuento.

Imaginar cosas es divertido. ¿A ti qué te gusta imaginar?

### marchante

Los **marchantes** anuncian la oferta de su fruta en el mercado.

¿Qué otros marchantes conoces? ¿Qué venden?

### vitrina

Me gusta mirar la **vitrina** de la pastelería cuando tengo hambre.

¿Te gusta mirar las vitrinas de las tiendas?

# Términos de poesía

## metáfora

Sus ojos son dos estrellas que iluminan mi camino.

Inventa una metáfora divertida.

## verso libre

A mi padre le gusta escribir versos libres porque no tiene que pensar en dos palabras que rimen.

Escribe un poema de verso libre sobre tu actividad favorita.

## décima

Las décimas de Alex tienen 10 líneas y tienen rima.

¿En qué se diferencia una décima de un poema de verso libre?

## rima

Las palabras *cuidado* y *mirado* riman porque tienen la misma terminación.

Busca otras palabras que rimen.

## Tu turno

Elige tres palabras y escribe tres preguntas para tu compañero o compañera.

*¡Conéctate!* **Usa el glosario digital ilustrado.**

# El coloquio de los ratones

Se juntaron los ratones
para comentar un tema
y resolver un problema
de muy graves proporciones.
Propusieron soluciones
en medio de un alboroto
más grande que un maremoto:
¿quién le pone el **cascabel**
a ese gato grande y cruel?
¡Lo sometieron a voto!

*Alexis Romay*

## Pregunta esencial

### ¿Cómo se nos ocurren las ideas?

Lee poesía para alimentar tu imaginación y tener nuevas ideas.

# Mi abuela

Mi abuela era un árbol
cuya memoria se agitaba con el viento.
En las tardes me encantaba
columpiarme en sus brazos
y ver las cosas
desde la increíble altura de su infancia;
aunque a veces los recuerdos
le quebraban las ramas y, llorando
me dejaba en el suelo.

*Alberto Forcada*

Texto ©2000 Alberto Forcado. © de la Edición
de Columpio. Fondo de Cultura Económica.
Illustrated by María Lavezzi.

# La gota viva

Como una niña curiosa y muy valiente,
la gota de agua pasea por el mundo.
Se detiene y observa cada ambiente,
quiere jugar en el océano profundo.

También el cielo, como un imán brillante,
la invita a acercarse a las estrellas.
La gota viaja vestida de diamante
y mientras trepa en el aire deja huellas.

Me gustaría ser como una gota viva,
que serpentea, se hunde, gana altura,
nos calma la sed, siembra y cultiva.
Me gustaría ser como una gota pura.

Cuando crezca, con los ojos dichosos,
podré abrirme paso, celebrar cada día.
Realizaré mis sueños más hermosos
porque la gota es un ejemplo que me guía.

*Sebastián Olaso*

la gotita

# De hormigas

La hormiga con sombrero
puso un huevo
puso 1
puso 2
puso 3
puso todo un hormiguero.

La hormiga con sombrilla
buscó comida
agarró una hoja
subió
      bajó
y así todito el día.

La hormiga con barriga
llamó a una amiga,
se pintó,
se perfumó
y se fueron de paseo
por toda la avenida.

*Yolanda Blanco*

## ¿❓ Haz conexiones

¿Qué ideas presentan estos poemas? Comenta lo que sucede en cada uno de ellos. **PREGUNTA ESENCIAL**

¿Has tenido una buena idea que ayudó a un compañero o compañera en la escuela? **EL TEXTO Y TÚ**

# La décima y el verso libre

**Décima:**
- Es fácil de reconocer porque tiene diez versos de ocho sílabas cada uno.
- Los versos tienen rima.
- Tiene cuatro rimas diferentes.

**Verso libre:**
- No debe tener rima ni métrica.
- Tiene ritmo y lenguaje figurado.

 **Busca evidencias en el texto**

*Sé que "El coloquio de los ratones" es una décima porque tiene diez versos y cada uno tiene ocho sílabas.*

**página 166**

### El coloquio de los ratones

Se juntaron los ratones
para comentar un tema
y resolver un problema
de muy graves proporciones.
Propusieron soluciones
en medio de un alboroto
más grande que un maremoto:
¿quién le pone el cascabel
a ese gato grande y cruel?
¡Lo sometieron a voto!

*Alexis Romay*

En esta décima el primer verso rima con el cuarto y el quinto. El segundo rima con el tercero. ¿Puedes encontrar una metáfora en alguno de los versos?

## Tu turno

Busca otros versos que rimen en la décima "El coloquio de los ratones". ¿Cuántas estrofas tiene esta décima?

María Lavezzi

# Punto de vista

A veces un poema muestra los pensamientos que tiene el autor sobre la vida a través de los personajes o sucesos que narra. Estos pensamientos son el punto de vista del poeta. Busca detalles en los poemas que muestren un punto de vista.

 **Busca evidencias en el texto**

*Volveré a leer el poema "Mi abuela" para identificar los detalles que muestran lo que piensa el autor.*

| Detalles |
| --- |
| Mi abuela era un árbol. |
| me encantaba columpiarme en sus brazos. |
| ver las cosas desde la increíble altura. |

↓

| Punto de vista |
| --- |
|  |

**Tu turno**

En el poema "Mi abuela" el autor escribe sobre lo que siente por su abuela. Busca las palabras que describen sus sentimientos y compáralos con tus sentimientos por tu abuela.

**¡Conéctate!**
*Usa el organizador gráfico interactivo.*

171

# Aliteración y rima

Los poetas usan la aliteración y la rima para hacer descripciones divertidas y para dar un sonido musical a los poemas.

 **Busca evidencias en el texto**

*Al leer "De hormigas" en voz alta, escucho los sonidos que se repiten y las palabras que riman.*

página 169

La hormiga con sombrero
puso un huevo
puso 1
puso 2
puso 3
puso todo un hormiguero.

La hormiga con sombrilla
buscó comida
agarró una hoja
subió
        bajó
y así todito el día.

La hormiga con barriga
llamó a una amiga,
se pintó,
se perfumó
y se fueron de paseo
por toda la avenida.

*En el primer verso la poeta repite la palabra* puso.

*Las palabras* barriga, amiga *y* avenida *riman.*

## Tu turno

COLABORA

Busca más ejemplos de aliteración y rima en los poemas.

# Símiles

Un símil compara dos cosas que son muy diferentes. En general, el símil usa la palabra *como*. Muchas veces, el símil ayuda a mostrar el punto de vista del autor.

 **Busca evidencias en el texto**

*Para encontrar un símil, necesito ver una comparación entre dos cosas. En "La gota viva", se compara a la gota con una niña y al cielo con un imán. Estos son dos ejemplos de símiles.*

página 168

**La gota viva**

Como una niña curiosa y muy valiente,
la gota de agua pasea por el mundo.
Se detiene y observa cada ambiente,
quiere jugar en el océano profundo.

También el cielo, como un imán brillante,
la invita a acercarse a las estrellas.
La gota viaja vestida de diamante
y mientras trepa en el aire deja huellas.

**Tu turno** COLABORA

Vuelve a leer "De hormigas" y "La gota viva". Identifica los símiles para encontrar el punto de vista.

# De lectores...

Los poetas utilizan palabras descriptivas cuando escriben sus poemas. Estas palabras ayudan al lector a crear imágenes en su mente. Vuelve a leer "Mi abuela" mientras imaginas a la abuelita del autor.

## Detalles

Identifica los **detalles descriptivos** de este poema. ¿Cómo te ayudan a visualizar a la abuela del autor?

**Ejemplo modelo**

Mi abuela era un árbol
cuya memoria se agitaba con el viento.
En las tardes me encantaba
columpiarme en sus brazos
y ver las cosas
desde la increíble altura de su infancia;
aunque a veces los recuerdos
le quebraban las ramas y, llorando
me dejaba en el suelo.

*Alberto Forcada*

Maria Lavezzi

# a escritores

**Marcas de corrección**

≡ Mayúscula

/ Minúscula

∧ Insertar

𝓎 Eliminar

⊓ Transponer

**Manual de gramática**

Página 472

**El artículo**

Alicia escribió una descripción muy divertida. Fíjate en sus correcciones.

**Ejemplo del estudiante**

## El lavaplatos

El lavaplatos de mi abuela ana

una
es un gran caja de limpieza.

las
Saca la manchas de la vajilla

después de removerlas en el

agua. ¡Vieras como brilla! así,

la vajilla de su casa está

siempre reluciente.

Por Alicia P.

**Tu turno**

COLABORA

- ☑ Identifica detalles descriptivos.
- ☑ Identifica artículos definidos e indefinidos.
- ☑ Comenta cómo las correcciones mejoraron el cuento.

*¡Conéctate!*
**Escribe en el rincón del escritor.**

# Unidad
# 3

# Único en su especie

## La gran idea

**¿Por qué son importantes las características personales?**

# El nido

Poco a poco, pajarito,

paja y lodo vas trayendo,

tus ladrillos para el nido

que construyes sin ayuda.

Poco a poco, pajarito,

vas haciendo tu casita

con paciencia y con hojitas

y con todo lo que encuentras.

¡Quién pudiera, pajarito,

hacer un nido tan bonito!

*Alejandra B.*

## Pregunta esencial

**¿Qué características hacen que los animales sean únicos?**

*¡Conéctate!*

# CARACTERÍSTICAS ESPECIALES

Los delfines nariz de botella son mamíferos únicos. Tienen la forma necesaria para moverse en el agua y silban para comunicarse entre ellos.

▶ Todos los animales poseen características únicas.

▶ Los animales utilizan sus características especiales para comunicarse, protegerse y obtener lo que necesitan.

## Coméntalo

Comenta en pareja sobre otros animales y sus características únicas. Escribe tus ideas aquí.

Características únicas

# Vocabulario

**Mira las fotos y lee las oraciones para comentar cada palabra con un compañero o una compañera.**

**arrogante**

El gran tiburón asusta con su aspecto **arrogante**.

Nombra otro animal de aspecto arrogante.

**atento**

La pata está **atenta** a los movimientos de sus polluelos.

¿Qué palabra tiene el significado opuesto de atento?

**atrevido**

Ese animal del zoológico es muy **atrevido**.

¿Por qué crees que es atrevido?

**característica**

Los leones tienen **características** especiales que los ayudan a sobrevivir.

¿Qué característica nos ayuda a sobrevivir?

**noticia**

Marcos recibió una **noticia**.

*Nombra algo que consideres una buena noticia.*

**reluciente**

Miriam frotó la olla hasta dejarla **reluciente**.

*¿Qué palabra significa lo mismo que reluciente?*

**reojo**

Tom miró de **reojo** a sus compañeros.

*Muestra cómo haces para mirar de reojo.*

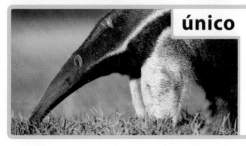

**único**

El oso hormiguero es un animal **único** por la larga nariz que tiene.

*¿Conoces otro animal que sea único?*

COLABORA

## Tu turno

Elige tres palabras y escribe tres preguntas para tu compañero o compañera.

*¡Conéctate! Usa el glosario digital ilustrado.*

# CUENTO DE LA ORUGA

## ¿? Pregunta esencial

**¿Qué características hacen que los animales sean únicos?**

Lee sobre cómo un animal usa su característica especial para resolver un problema.

Hace mucho tiempo, Anant y su hermana Anika fueron a nadar. Nadaron toda la tarde y terminaron muy cansados. Estaban tan exhaustos que subieron a una gran roca plana para descansar y pronto se quedaron dormidos.

Mientras dormían sucedió algo muy extraño y misterioso. La roca sobre la que estaban acostados creció y se expandió hasta alcanzar las nubes.

Anant se despertó y miró a su alrededor.

—Hermanita, ¡despierta!, —dijo entre sollozos—. ¿Estoy soñando o estamos realmente entre las nubes?

Anika frotó sus ojos.

—No estás soñando, hermano. ¡Esta roca **atrevida** creció mientras dormíamos!

Los niños miraron de **reojo** y vieron un cielo azul fabuloso y nubes blancas maravillosas.

Estaban tan alto que Anika comenzó a sentirse mareada. Anant buscó una forma de bajar, pero no pudo encontrar un camino. Anant y Anika comenzaron a llorar; sentían miedo y estaban preocupados.

Abajo, los campesinos comenzaron a preocuparse. ¿Dónde estaban los niños? Buscaron en los bosques, praderas, lagos y ríos. Luego, Isha, el jefe del pueblo, miró a su alrededor y descubrió al **arrogante** Halcón, que estaba sentado en la rama de un árbol.

—Halcón, ¿podrías ayudarnos a encontrar a Anant y Anika? —le pidió—. Tú tienes una mirada vigilante y detallista y alas muy fuertes. Esas son tus mejores **características**. ¿Puedes utilizarlas para ayudarnos a encontrar a los niños?

Halcón accedió a ayudarlos y voló bien alto. Inclinó su cabeza y entrecerró los ojos debido a la **reluciente** luz del sol. Cuando estuvo cerca de las nubes, divisó a los niños sobre la roca.

—No tengan miedo —les dijo—. Los voy a rescatar.

Como Halcón no podía cargarlos y llevarlos hacia abajo, juntó un montón de comida y se la llevó. También les alcanzó hojas grandes para que no pasaran frío. Él quería asegurarse de que estuvieran bien y seguros.

184

Halcón voló al pueblo y habló con Isha. Luego, Isha reunió a todos los animales y les dijo que necesitaba su ayuda para poder bajar a los niños. Les pidió que usaran su característica más especial y distintiva para escalar la gran piedra. Muchos lo intentaron, pero no lo lograron.

Los dientes de Ratoncita eran fuertes y **únicos**, pero no la ayudaron a escalar la roca.

Las garras enormes de Oso eran muy buenas para trepar árboles. Sin embargo, no le sirvieron para escalar la roca.

Las garras de León eran afiladas y poderosas, pero la roca era muy resbaladiza y se deslizó y cayó hacia atrás.

Por último, una pequeña voz llena de entusiasmo habló y se ofreció a ayudar.

—¿Puedo intentarlo yo? Soy Too-Tock, la oruga.

Oruga les mostró cuán hábil era para escalar. Al verla, Halcón se ofreció a llevarla a la cumbre de la roca. Desde allí podría guiar a Anant y Anika para que bajaran de la enorme montaña. Isha estuvo de acuerdo con el plan.

Entonces, Halcón tomó cuidadosamente a Oruga con su pico y volaron juntos hasta la cima de la roca donde los esperaban los niños. Durante todo el camino, Oruga estuvo muy **atenta**, planificando cómo descender.

Jago Silver

Les llevó casi una semana poder bajar hasta el pueblo. Oruga los guió por la pendiente de la roca, pulgada por pulgada, con mucho cuidado. Todos los días Halcón les llevaba comida y luego bajaba al pueblo con las **noticias**.

Finalmente, Oruga, Anant y Anika llegaron al suelo. Todo el mundo estaba feliz y le decía a Oruga que era una heroína. Fue un día glorioso y espléndido.

—De ahora en adelante —dijo Isha—, esta roca gigante se llamará Too-Tock-Awn-oo-Lah, en honor a la valiente Oruga.

## ¿ Haz conexiones

¿Qué característica especial tiene Oruga? ¿Cómo ayudó a los niños? **PREGUNTA ESENCIAL**

¿Qué características especiales tienes y qué haces con ellas? **EL TEXTO Y TÚ**

# Visualizar

Mientras lees "Cuento de la oruga", busca detalles que te ayuden a visualizar y formar imágenes en tu mente. Esto te permitirá comprender las acciones y los sentimienos de los personajes.

 ## Busca evidencias en el texto

¿Cómo se sintieron Anant y Anika cuando despertaron? Vuelve a leer la página 183. Los detalles te ayudarán a visualizar cómo se sintieron.

**página 183**

Mientras dormían sucedió algo muy extraño y misterioso. La roca sobre la que estaban acostados creció y se expandió hasta alcanzar las nubes.

Anant se despertó y miró a su alrededor.

—Hermanita, ¡despierta!, —dijo entre sollozos—. ¿Estoy soñando o estamos realmente entre las nubes?

Anika frotó sus ojos.

—No estás soñando, hermano. ¡Esta roca **atrevida** creció mientras dormíamos!

Los niños miraron de **reojo** y vieron un cielo azul fabuloso y nubes blancas maravillosas.

Estaban tan alto que Anika comenzó a sentirse mareada. Anant buscó una forma de bajar, pero no pudo encontrar un camino. Anant y Anika comenzaron a llorar; sentían miedo y estaban preocupados.

*Leo que Anika se sintió mareada y que Anant buscó la forma de bajar. Como no la encontró, ambos comenzaron a llorar.*

*Por estos detalles sé que los niños estaban asustados.*

## Tu turno

 COLABORA

¿Cómo volvieron los niños al pueblo? Vuelve a leer y visualiza el regreso. Luego, cuenta lo que pasó.

Jago Silver

# Problema y solución

La trama, por lo general, tiene un problema y una solución. Un problema es algo que debe ser resuelto. La solución es cómo los personajes resuelven el problema.

 **Busca evidencias en el texto**

*Leo en la página 183 que la roca creció y que Anant y Anika quedaron atrapados arriba. Este es el problema. También leo que los campesinos buscaron a los niños. Luego Isha le pidió ayuda a Halcón. Estos son los pasos que dieron para resolver el problema. Están en una secuencia.*

**Problema**

Los niños están sobre una roca alta y no pueden bajar.

↓

Los campesinos buscan a los niños.

↓

Los campesinos le piden ayuda a Halcón.

↓

↓

**Solución**

**Tu turno** COLABORA

Vuelve a leer "Cuento de la oruga". Busca más detalles del problema. Completa la secuencia en tu organizador gráfico y escribe la solución.

*¡Conéctate!*
*Usa el organizador gráfico interactivo.*

# Cuento folclórico

"Cuento de la oruga" es un cuento folclórico.

**El cuento folclórico:**
- Es un cuento corto que se transmite de padres a hijos.
- Por lo general, tiene un mensaje o enseña una lección.

 **Busca evidencias en el texto**

*Sé que "Cuento de la oruga" es un cuento folclórico porque me enseñó cómo obtuvo su nombre la roca grande. También aprendí una lección: que aún los animales más pequeños pueden resolver grandes problemas.*

**página 187**

Les llevó casi una semana poder bajar hasta el pueblo. Oruga los guió por la pendiente de la roca, pulgada por pulgada, con mucho cuidado. Todos los días Halcón les llevaba comida y luego bajaba al pueblo con las **noticias**.

Finalmente, Oruga, Anant y Anika llegaron al suelo. Todo el mundo estaba feliz y le decía a Oruga que era una heroína. Fue un día glorioso y espléndido.

—De ahora en adelante —dijo Isha—, esta roca gigante se llamará Too-Tock-Awn-oo-Lah, en honor a la valiente Oruga.

**Haz conexiones**

¿Qué característica especial tiene Oruga? ¿Cómo ayudó a los niños? PREGUNTA ESENCIAL

¿Qué características especiales tienes y qué haces con ellas? EL TEXTO Y TÚ

187

La lección de un cuento folclórico se encuentra al final del relato. La lección es un mensaje importante.

 COLABORA

**Tu turno**

¿Qué detalles del texto muestran que "Cuento de la oruga" es un cuento folclórico? Comenta los detalles en pareja.

# Sinónimos

Los sinónimos son palabras que tienen el mismo significado. A veces el contexto nos ayuda a identificar el significado de palabras que no conoces.

## Busca evidencias en el texto

*En la página 183 veo la palabra* expandió, *pero no entiendo su significado. En la misma oración veo que la roca también creció. Sé que crecer significa "aumentar de tamaño". Pienso que* creció y expandió *son sinónimos y que tienen casi el mismo significado. Ahora sé que* expandió *significa que "aumentó de tamaño".*

La roca sobre la que estaban acostados creció y se expandió hasta alcanzar las nubes.

## Tu turno

Busca los sinónimos de estas palabras en "Cuento de la oruga".
**exhaustos,** *página 183*
**glorioso,** *página 187*

# De lectores...

Los escritores usan oraciones afirmativas, interrogativas y exclamativas. Los diferentes tipos de oraciones hacen que la historia sea más interesante y fácil de comprender.

**Ejemplo modelo**

## Tipos de oraciones

Identifica dos tipos de oraciones. ¿Cómo logran que el cuento sea más interesante?

Anant se despertó y miró a su alrededor.

—Hermanita, ¡despierta!, —dijo entre sollozos-. ¿Estoy soñando o estamos realmente entre las nubes?

Anika frotó sus ojos.

—No estás soñando, hermano. ¡Esta roca atrevida creció mientras dormíamos!

Los niños miraron de reojo y vieron un cielo azul fabuloso y nubes blancas maravillosas.

# a escritores

## Marcas de corrección

≡ Mayúscula

/ Minúscula

⊙ Agregar punto

∧ Insertar

ℐ Eliminar

### Manual de gramática

Página 472

**El verbo**

María escribió sobre su animal favorito. Lee las correcciones que hizo María.

**Ejemplo del estudiante**

## Iggy

¿Qué sabe nadar y es naranja brillante? ¡Es mi mascota, el pez Iggy! Se llama como un personaje de "viaje submarino". Nada y

chapotea

nada por toda su Pecera. Su juego favorito es bucear en el fondo. ¡Es muy fácil cuidar a Iggy!

## COLABORA

### Tu turno

- ✔ Identifica diferentes tipos de oraciones.
- ✔ Busca un verbo en infinitivo.
- ✔ Comenta cómo las correcciones mejoraron el texto.

**¡Conéctate!**
Escribe en el rincón del escritor.

¿? **Pregunta esencial**

¿Cómo puede una persona cambiar tu manera de pensar?

¡Conéctate!

Jackie Robinson fue el primer jugador afroamericano de la Liga Mayor de Béisbol.

© Bettmann/Corbis

194

# SÉ DIFERENTE

El atleta Jackie Robinson fue una fuente de inspiración porque ayudó a eliminar los prejuicios raciales entre los jugadores de béisbol. Fue muy valiente y dio lo mejor de sí mismo.

► Las personas valientes sirven como guía a otros.

► Defienden sus ideas.

► Los líderes hacen la diferencia.

## Coméntalo

Escribe lo que has aprendido sobre lo que es ser un líder. Habla con tu compañero o compañera de qué manera puedes hacer la diferencia.

John F. Kennedy, presidente de Estados Unidos

Jane Goodall, científica

# Vocabulario

**Mira las fotos y lee las oraciones para comentar cada palabra con un compañero o una compañera.**

### espacioso

Me lleva tiempo juntar las hojas en mi jardín porque es **espacioso**.

*¿Qué lugares espaciosos conoces?*

### humor

Mi hermana está de buen **humor**.

*¿Qué cosas te ponen de buen humor?*

### líder

Abraham Lincoln fue un gran **líder**.

*¿Qué otro gran líder conoces?*

### mueca

Tomás y Kevin hicieron una **mueca** cuando vieron la comida.

*¿Qué tipos de muecas haces más a menudo?*

**sorprendente**

Kris y Lauren vieron una película **sorprendente**.

¿Qué palabra significa lo mismo que sorprendente?

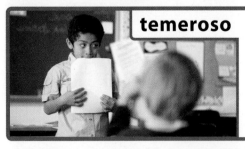

**temeroso**

Jaime, **temeroso**, habló frente a sus compañeros.

¿En qué momentos te sientes temeroso?

**trampa**

El oso corre peligro de caer en la **trampa**.

¿En qué lugares puedes hallar trampas?

**valentía**

Es necesaria mucha **valentía** para ser bombero.

¿Para qué otros trabajos es necesaria mucha valentía?

## Tu turno

COLABORA

Elige tres palabras y escribe tres preguntas para tu compañero o compañera.

**¡Conéctate!** *Usa el glosario digital ilustrado.*

# La unión y la fuerza

### Sebastián Olaso

## ¿? Pregunta esencial

### ¿Cómo puede una persona cambiar tu manera de pensar?

Lee sobre cómo dos hermanos deciden cambiar a los niños de su barrio.

Sabrina Dieghi

A Marcos le gusta el nuevo vecindario. Ha encontrado a muchos niños de su edad que seguramente serán sus amigos. Hay un grupo de niños que juegan al fútbol en un terreno **espacioso** que está muy cerca de la escuela. Ayer, cuando lo vieron pasar, lo invitaron a jugar.

—Oye, tú, ¿eres nuevo aquí? —le dijo un niño que parecía el mayor del grupo. Probablemente ya había cumplido los nueve años. Quizás era el **líder**.

—Sí, nos mudamos hace una semana.

—¿Te gusta jugar al fútbol? ¿O prefieres matar el tiempo jugando videojuegos?

Marcos se acercó con timidez pero jugó bastante bien.

—¡He ganado la apuesta, muchachos! —dijo uno de los niños. Luego, con una sonrisa amigable, le dijo a Marcos que estaba contento de haber encontrado otro jugador para el equipo.

Cuando Marcos volvió a casa se dio cuenta de que se había olvidado de preguntar al niño líder qué apuesta había ganado.

Al día siguiente en la escuela, otros niños lo invitaron a jugar con videojuegos. Marcos está de muy buen **humor**, pues es **sorprendente** que en una semana ya haya hecho amigos nuevos. Seguro que su hermano mayor Daniel también está contento de haber venido a vivir aquí.

—¿Has visto qué vecindario fabuloso que tenemos, Daniel? —le pregunta Marcos a su hermano mayor—. Ayer he conocido a un grupo de niños con quien jugar al fútbol y hoy en la escuela ya tengo amigos con quien jugar videojuegos.

—Sí, sí... En realidad, más o menos... —dice Daniel con una **mueca** de desagrado.

—¿Por qué dices más o menos? ¡Todos son muy amigables!

—No tanto, Marcos. No tanto...

Entonces Daniel le cuenta que esta mañana se enteró de que los niños del vecindario están agrupados en dos bandos. Por un lado están los pataduras, que son los deportistas. Por otro lado están los flojos.

Sabrina Dieghi

—¿Qué quieres decir con los flojos?

Daniel le cuenta a Marcos que los flojos son los niños que juegan con las computadoras y escuchan rock. Los pataduras y los flojos no se juntan. No se hablan. No se respetan.

—Ayer estuve jugando al fútbol con unos niños. Ninguno me dijo que eran los pataduras. Tampoco me hablaron de los flojos.

—Claro, Marcos. Los deportistas les dicen flojos a los que disfrutan de los videojuegos y de la música. Y los de este grupo les dicen pataduras a los deportistas. Ninguno se llama de ese modo a sí mismo. En algún momento vas a tener que escoger porque no van a querer que seas de los dos bandos.

Ahora Marcos comprende que es como una **trampa**.

—En cuanto los pataduras se enteren de que soy amigo de los flojos, ya no querrán jugar al fútbol conmigo.

—Y en cuanto los flojos vean que te juntas con los pataduras, también te harán a un lado —dijo Daniel apenado.

Entonces, Daniel le cuenta a Marcos que ese es justamente su dilema. A él le gusta tocar la guitarra. Ha encontrado a algunos niños con los que podría formar una banda de rock. Pero estos niños creen

Sabrina Dieghi

que los deportistas son pataduras salvajes. Y a Daniel también le gusta jugar al fútbol. Conoce a unos niños con los que podría jugar, pero esos niños creen que los músicos son unos flojos sin remedio.

—Tú me enseñaste que lo importante es seguir tus instintos. Y respetar siempre a los demás —le dice Marcos.

—Sí, Marcos, pero aquí los niños de un grupo no respetan a los niños del otro grupo.

—Yo quisiera poder jugar al fútbol y a los videojuegos. No quisiera tener que escoger.

—No seamos **temerosos**. ¡Creo que si nos comportamos con **valentía**, vamos a lograr que todos se respeten! —dijo Daniel.

Los hermanos se abrazan emocionados. Juntos, tal vez, cambiarán la historia del vecindario y lucharán por la amistad y la tolerancia entre los niños.

## ¿? Haz conexiones

¿Cómo cambia Daniel la manera de pensar de Marcos? **PREGUNTA ESENCIAL**

¿Qué personas ayudaron a cambiar tu manera de pensar? **EL TEXTO Y TÚ**

# Visualizar

Mientras lees "La unión y la fuerza", usa detalles en el texto que te ayudan a visualizar o a formar imágenes del nuevo vecindario de Marcos y Daniel.

 **Busca evidencias en el texto**

¿Cómo es el nuevo vecindario? Usa los detalles de los primeros párrafos de la página 199.

**página 199**

A Marcos le gusta el nuevo vecindario. Ha encontrado a muchos niños de su edad que seguramente serán sus amigos. Hay un grupo de niños que juegan al fútbol en un terreno **espacioso** que está muy cerca de la escuela. Ayer, cuando lo vieron pasar, lo invitaron a jugar.

—Oye, tú, ¿eres nuevo aquí? —le dijo un niño que parecía el mayor del grupo. Probablemente ya había cumplido los nueve años. Quizás era el **líder**.

—Sí, nos mudamos hace una semana.

—¿Te gusta jugar al fútbol? ¿O prefieres matar el tiempo jugando videojuegos?

Marcos se acercó con timidez pero jugó bastante bien.

—¡He ganado la apuesta, muchachos! —dijo uno de los niños. Luego, con una sonrisa amigable, le dijo a Marcos que estaba contento de haber encontrado otro jugador para el equipo.

> *Leo que* <u>*hay un grupo de niños que juegan al fútbol en un terreno espacioso que está muy cerca de la escuela.*</u> *Estos detalles me ayudan a visualizar un vecindario con mucho espacio y muchos niños.*

 COLABORA

## Tu turno

¿Cómo se siente Marcos en el nuevo vecindario? Vuelve a leer el cuento para visualizarlo y luego responde a la pregunta.

Sabrina Dieghi

# Causa y efecto

Los sucesos en un cuento tienen una causa y un efecto.
Una causa es la razón por la cual sucede algo. Un
efecto es la consecuencia. Hay palabras que te ayudan
a identificar un efecto en un texto: *porque, pues,
entonces* y *como resultado.*

 **Busca evidencias en el texto**

*En la página 200, leo que Marcos está de muy buen
humor. Este es el efecto. Ahora necesito hallar la causa.
Marcos está de muy buen humor pues ya ha hecho
amigos nuevos. La causa y su efecto suceden en una
secuencia. Uno es el resultado del otro.*

| Personaje | |
|---|---|
| Marcos y Daniel | |
| **Ambiente** | |
| una habitación en su casa | |
| Causa → | Efecto |
| Marcos ha hecho amigos nuevos. | Marcos está de buen humor. |
| Causa → | Efecto |
| Causa → | Efecto |

**Tu turno**

¿Cómo se siente el
hermano de Marcos?
Busca otros ejemplos de
causa y efecto y escríbelos
en el organizador gráfico.

*¡Conéctate!*
*Usa el organizador gráfico interactivo.*

# Ficción realista

El cuento "La unión y la fuerza" es una **ficción realista**.
Sabemos que es una **ficción realista** porque:

- Es una historia imaginada por el autor.
- Tiene personajes, ambientes o sucesos que podrían existir en la vida real.
- Tiene un principio, un desarrollo y un final.

 **Busca evidencias en el texto**

*Sé que "La unión y la fuerza" es una ficción realista porque Marcos y Daniel podrían existir en el mundo real. Dicen y hacen cosas como los niños reales.*

página 201

—¿Qué quieres decir con los flojos?

Daniel le cuenta a Marcos que los flojos son los niños que juegan con las computadoras y escuchan rock. Los pataduras y los flojos no se juntan. No se hablan. No se respetan.

—Ayer estuve jugando al fútbol con unos niños. Ninguno me dijo que eran los pataduras. Tampoco me hablaron de los flojos.

—Claro, Marcos. Los deportistas les dicen flojos a los que disfrutan de los videojuegos y de la música. Y los de este grupo les dicen pataduras a los deportistas. Ninguno se llama de ese modo a sí mismo. En algún momento vas a tener que escoger porque no van a querer que seas de los dos bandos.

201

Marcos y Daniel tienen un diálogo que podrían tener dos hermanos reales.

Las ilustraciones muestran detalles de la vida real.

 COLABORA

**Tu turno**

Busca dos ejemplos que muestren que "La unión y la fuerza" es una ficción realista.

# Modismos

Un modismo es una palabra o un grupo de palabras que en algunos contextos se usa con un significado diferente.

## Busca evidencias en el texto

En la página 200, no entiendo qué significa *los pataduras*. Si sigo leyendo, puedo comprender que se trata de un modismo. Las claves del cuento me ayudan a comprender que este modismo significa "persona que es buena haciendo deportes".

Por un lado están *los pataduras*, que son los deportistas.

## Tu turno

COLABORA

Usa las claves en las oraciones para hallar el significado de los siguientes modismos.

**matar el tiempo,** *página 199*

**más o menos,** *página 200*

# De lectores...

Los escritores eligen palabras de enlace para conectar dos o más oraciones que describen ideas o sucesos. Usan palabras como: *y, entonces, pero, además, pues.* Vuelve a leer este pasaje de "La unión y la fuerza".

## Palabras de enlace

Busca palabras de enlace en el ejemplo. ¿Cómo ayudan estas palabras a enlazar las ideas?

**Ejemplo modelo**

Al día siguiente en la escuela, otros niños lo invitaron a jugar con videojuegos. Marcos está de muy buen humor, pues es sorprendente que en una semana ya haya hecho amigos nuevos. Seguro que su hermano mayor Daniel también está contento de haber venido a vivir aquí.

—¿Has visto qué vecindario fabuloso que tenemos, Daniel? —le pregunta Marcos a su hermano mayor—. Ayer he conocido a un grupo de niños con quien jugar fútbol y hoy en la escuela ya tengo amigos con quien jugar videojuegos.

Sabrina Dieghi

208

# a escritores

## Marcas de corrección

¶   Párrafo nuevo

/   Minúscula

⊙   Agregar punto

∧   Insertar

✐   Eliminar

Daniel escribió una lista de razones por las que lo inspira su entrenador . Lee la descripción y fíjate en sus correcciones.

## Manual de gramática

Página 472
**Verbos en presente**

**Ejemplo del estudiante**

## EL ENTRENADOR LUIS

Juego muy bien al fútbol ^porque el

Éntrenador Luis me ayuda:

⊙ 1.° Me inspiro en él ^para ser cada

vez mejor. ¶ 2.° Enseña

^Me enseña a pasar la pelota.

3.° Es muy paciente, ^y me ayuda

a practicar ⊙∧

## Tu turno

COLABORA

☑ Identifica palabras de enlace.

☑ Identifica verbos en presente.

☑ Comenta cómo las correcciones mejoraron la lista de Daniel.

**¡Conéctate!**
*Escribe en el rincón del escritor.*

## Pregunta esencial

¿Qué sabemos del planeta Tierra
y de sus vecinos en el espacio?

¡Conéctate!

# Descubre
## el universo

Mira el cielo. ¿Qué ves? Los astrónomos empezaron a aprender sobre la Tierra y sus vecinos observando el cielo.

▶ En la actualidad, los científicos usan telescopios, satélites y datos de los viajes al espacio para estudiar el universo.

▶ Hacen descubrimientos sobre la Tierra y el sistema solar todos los días.

### Coméntalo

Escribe palabras relacionadas con el sistema solar. Comenta estos descubrimientos con un compañero o una compañera.

Sistema solar

# Vocabulario

**Mira las fotos y lee las oraciones para comentar cada palabra con un compañero o una compañera.**

**astronomía**

Kia observa las estrellas cuando estudia **astronomía**.

*¿Te gustaría aprender sobre astronomía?*

**cantidad**

James bebió una buena **cantidad** de agua.

*¿Cómo se mide una cantidad de líquido?*

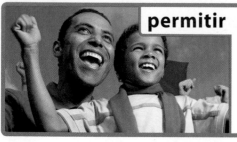

**permitir**

Mis padres me **permiten** ir a ver béisbol con mi tío.

*¿Qué palabra significa lo mismo que permitir?*

**rocoso**

Los niños encendieron el fuego sobre una superficie **rocosa**.

*¿Conoces algún lugar rocoso?*

## sistema solar

En nuestro **sistema solar** hay ocho planetas.

*Nombra un planeta de nuestro sistema solar.*

## superficie

Un astronauta camina sobre la **superficie** seca y polvorienta de la Luna.

*Describe la superficie de tu escritorio.*

## temperatura

Nos divertimos al aire libre aunque la **temperatura** sea muy baja.

*¿Qué temperatura hay en el lugar donde estás ahora?*

## terráqueo

Puedo señalar cualquier país en un globo **terráqueo**.

*¿Qué significa terráqueo?*

COLABORA

## Tu turno

Elige tres palabras y escribe tres preguntas para tu compañero o compañera.

***¡Conéctate!*** *Usa el glosario digital ilustrado.*

(t) Antonio M. Rosario/The Image Bank/Getty Images; (tc) NASA; (bc) Ariel Skelley/Blend Images/Getty Images ; (b) Glow Images

# La Tierra
## y sus vecinos

## Pregunta esencial

**¿Qué sabemos del planeta Tierra y de sus vecinos en el espacio?**

Lee y descubre cómo hemos aprendido sobre el espacio.

Galileo estudiaba el cielo con un telescopio construido por él.

Si el Sol pudiera hablar, diría: "¡Mírenme! ¡Observen mis manchas solares! ¡Doy mucho calor!". Sin el Sol, la Tierra sería un planeta frío y oscuro. ¿Cómo lo sabemos?

Gracias al astrónomo Galileo, sabemos muchísimo acerca del Sol y del resto de nuestro **sistema solar**.

## Telescopios con la vista en el cielo

Galileo no inventó el telescopio. Sin embargo, hace 400 años construyó uno tan bueno que le sirvió para estudiar el cielo. Cuando Galileo observó el espacio, pudo ver la superficie **rocosa** de la Luna. Cuando miró el Sol, descubrió manchas en su superficie ardiente.

La Luna es nuestro vecino más próximo.

(bkgd) Ian McKinnell/Photographer's Choice/Getty Images; (b) StockTrek/Photodisc/Getty Images

La **astronomía** es el estudio del espacio, y comenzó con un telescopio muy sencillo. Pero los astrónomos querían mirar el cielo con más detalle. Entonces, construyeron telescopios más grandes que **permitían** ver más lejos que el de Galileo. Los astrónomos tenían muchas preguntas sin respuesta.

## Satélites: un paso más

En 1958, los científicos lanzaron exitosamente al espacio el Explorer 1, el primer satélite estadounidense.

Al poco tiempo, había muchos satélites circulando alrededor del globo **terráqueo**. Tomaban fotografías de la Tierra, la Luna, las estrellas y otros planetas. Recogían una gran **cantidad** de información. Los satélites hasta llevaban un registro de la **temperatura** del planeta Saturno.

**Despegue del Explorer 1**

Los científicos aprendieron sobre el sistema solar gracias a los satélites. Por eso, siguieron enviándolos al espacio. Pronto hubo cientos de ellos haciendo descubrimientos asombrosos, pero los astrónomos querían saber más. Entonces, buscaron la manera de enviar al hombre a la Luna.

## Un salto gigantesco

En 1961, Alan Shepard se convirtió en el primer astronauta de Estados Unidos. Salió hacia el espacio en un cohete, dio la vuelta a la Tierra y regresó. Su corto viaje fue un gran éxito porque demostró que se podía llegar al espacio.

Después de Shepard, viajaron al espacio más astronautas. Algunos giraron alrededor de la Tierra. Otros caminaron sobre la **superficie** polvorienta e irregular de la Luna. Allí tomaron fotografías y recogieron rocas. Buscaban respuestas a preguntas importantes. ¿El calor del Sol calentaba la Luna? ¿Podría haber vida en la Luna algún día?

El astronauta Edwin "Buzz" Aldrin camina hacia el módulo lunar. Aldrin dejó sus huellas en la Luna.

Aldrin trajo esta roca de la Luna.

(l) © Roger Ressmeyer/Corbis; (r) NASA-JSC

Los científicos estudiaron las fotografías y las rocas de la Luna que trajeron los astronautas. Hicieron descubrimientos impresionantes con telescopios y satélites. Pero no era suficiente. Los científicos querían conocer mejor otros planetas.

## Hubble: más allá del sistema solar

Los científicos crearon otro telescopio gigantesco: el telescopio espacial Hubble, que fue lanzado en 1990. Todavía está girando alrededor de la Tierra. Toma fotografías claras y en primer plano de estrellas y planetas. Luego, envía información increíble a la Tierra. Hubble ayuda a los científicos a estudiar la Tierra y sus vecinos. También les sirve a los astrónomos para ver planetas que no son del sistema solar.

**El telescopio Hubble tarda 96 minutos en girar alrededor de la Tierra.**

# Más descubrimientos todos los días

Los científicos siguen haciéndose preguntas sobre la Tierra y sus vecinos en el espacio. Con ayuda de satélites, telescopios y astronautas continuarán explorando para hallar respuestas.

## ¿Qué puedo ver?

| Con los ojos | Con un telescopio sencillo | Con el telescopio Hubble |
| --- | --- | --- |
| La Luna | Cráteres en la Luna | Planetas que están fuera del **sistema solar** |
| El Sol | Manchas solares | Estrellas más grandes que el Sol, muchísimo más lejanas |
| Marte | Nubes alrededor de Júpiter | La superficie de Júpiter |

Foto de la explosión de una estrella tomada por el telescopio Hubble

 **Haz conexiones**

¿De qué modo hemos aprendido sobre la Tierra y sus vecinos en el espacio?
PREGUNTA ESENCIAL

¿Qué ves cuando miras el cielo? EL TEXTO Y TÚ

(b) NASA/ESA/JPL/Arizona State Univ.

# Resumir

Cuando resumes, cuentas las ideas y los detalles más importantes de un texto. Busca las ideas y detalles para resumir "La Tierra y sus vecinos".

 **Busca evidencias en el texto**

¿Por qué los telescopios nos sirven para aprender sobre el espacio? Identifica ideas y detalles importantes y resúmelos con tus propias palabras.

**página 215**

mucho calor!". Sin el Sol, la Tierra sería un planeta frío y oscuro. ¿Cómo lo sabemos?

Gracias al astrónomo Galileo, sabemos muchísimo acerca del Sol y del resto de nuestro **sistema solar**.

### Telescopios con la vista en el cielo

Galileo no inventó el telescopio. Sin embargo, hace 400 años construyó uno tan bueno que le sirvió para estudiar el cielo. Cuando Galileo observó el espacio, pudo ver la superficie **rocosa** de la Luna. Cuando miró el Sol, descubrió manchas en su superficie ardiente.

*Leo que Galileo construyó un telescopio. Descubrió manchas solares y vio la superficie de la Luna. Los detalles me ayudan a resumir. Los telescopios les sirven a los científicos para aprender más sobre el espacio.*

## Tu turno

COLABORA

Vuelve a leer "Satélites: un paso más" en la página 216. Busca las ideas y los detalles importantes sobre los satélites.

Ian McKinnell/Photographer's Choice/Getty Images

# Idea principal y detalles clave

La idea principal es el punto más importante que un autor quiere destacar sobre un tema. Los detalles clave apoyan la idea principal.

 **Busca evidencias en el texto**

*Puedo volver a leer y buscar detalles importantes sobre los satélites. Luego, descubro qué tienen en común estos detalles para hallar cuál es la idea principal.*

| Idea principal |
| --- |
| |
| **Detalle** |
| Los satélites toman fotografías de la Tierra, la Luna, las estrellas y los planetas. |
| **Detalle** |
| |
| **Detalle** |
| |

 COLABORA

**Tu turno**

Vuelve a leer el texto. Busca más detalles clave sobre los satélites para descubrir la idea principal. Completa el organizador gráfico.

*¡Conéctate!*
*Usa el organizador gráfico interactivo.*

# Texto expositivo

"La Tierra y sus vecinos" es un texto expositivo.

El **texto expositivo:**

- Presenta datos e información sobre un tema.
- Tiene características del texto, como títulos, palabras clave y tablas.

 **Busca evidencias en el texto**

*Puedo saber que "La Tierra y sus vecinos" es un texto expositivo porque presenta datos e información sobre telescopios, satélites y el espacio. Tiene títulos, palabras clave y una tabla.*

página 219

**Más descubrimientos todos los días**

Los científicos siguen haciéndose preguntas sobre la Tierra y sus vecinos en el espacio. Con ayuda de satélites, telescopios y astronautas continuarán explorando para hallar respuestas.

**¿Qué puedo ver?**

| Con los ojos | Con un telescopio sencillo | Con el telescopio Hubble |
| --- | --- | --- |
| La Luna | Cráteres en la Luna | Planetas que están fuera del **sistema solar** |
| El Sol | Manchas solares | Estrellas más grandes que el Sol, muchísimo más lejanas |
| Marte | Nubes alrededor de Júpiter | La superficie de Júpiter |

**Haz conexiones**
¿De qué modo hemos aprendido sobre la Tierra y sus vecinos en el espacio? PREGUNTA ESENCIAL

¿Qué ves cuando miras el cielo? EL TEXTO Y TÚ

Foto de la explosión de una estrella tomada por el telescopio Hubble.

219

## Características del texto

**Palabras clave** Las palabras clave son palabras importantes del texto.

**Tabla** Una tabla es una lista de datos ordenados en filas y columnas a lo largo de una página.

 COLABORA

## Tu turno

Observa la tabla de la página 219. Señala en qué se diferencia el telescopio Hubble de un telescopio sencillo.

# Sufijos

Un sufijo es la parte de una palabra que se agrega al final y cambia su significado. El sufijo *-oso, osa* significa "lleno de". El sufijo *-nte* significa "que produce algo".

 ## Busca evidencias en el texto

*En la página 215 veo la palabra* rocosa, *que tiene el sufijo -osa. Sé que el sufijo -osa significa "lleno de". Entonces, la palabra* rocosa *debe significar "llena de rocas".*

Cuando Galileo observó el espacio, observó la superficie rocosa de la Luna.

## Tu turno

Identifica el sufijo en cada palabra para descubrir su significado.

**asombrosos,** *página 216*

**exitosamente,** *página 216*

**impresionantes,** *página 218*

# De lectores...

Los escritores agrupan las ideas relacionadas. Un párrafo bien escrito tiene una oración con la idea principal. Las otras oraciones dan detalles sobre esta. Vuelve a leer el párrafo de "La Tierra y sus vecinos".

## Párrafos bien escritos

En pareja, busca la oración principal. Explica cómo todas las ideas del **párrafo** están relacionadas con la idea principal.

**Ejemplo modelo**

Después de Shepard, viajaron al espacio más astronautas. Algunos giraron alrededor de la Tierra. Otros caminaron sobre la superficie polvorienta e irregular de la Luna. Allí tomaron fotografías y recogieron rocas. Buscaban respuestas a preguntas importantes. ¿El calor del Sol calentaba la Luna? ¿Podría haber vida en la Luna algún día?

NASA-JSC

# a escritores

Steven escribió un texto sobre la Luna. Lee las correcciones que hizo Steven.

**Marcas de corrección**

≡ Mayúscula

/ Minúscula

⊙ Agregar punto

∧ Insertar

✐ Eliminar

**Manual de gramática**
Página 472
**Presente de los verbos regulares terminados en -er, -ir**

**Ejemplo del estudiante**

## La Luna

La Luna es nuestro vecino en el

espacio. A veces ~~parecía~~ *parece* que está

muy cerca. La Luna gira alrededor

de la Tierra⊙ Los astronautas

ᵉEstadounidenses caminaron

sobre la Luna. ~~Descubren~~ *Descubrieron* que la

superficie de la Luna es polvorienta.

la luna está llena

de rocas.

**Tu turno**  COLABORA

☑ Identifica la idea principal.

☑ Busca un verbo terminado en -er o -ir en presente.

☑ Comenta cómo las correcciones mejoraron el texto.

**¡Conéctate!**
*Escribe en el rincón del escritor.*

**Pregunta esencial**
¿Qué ideas sacamos de la naturaleza?

*¡Conéctate!*

# IDEAS DE LA NATURALEZA

Esta araña es pequeña, pero inspira grandes ideas. Sus telarañas son muy fuertes y los científicos quieren saber por qué.

► Los científicos observan la naturaleza para sacar ideas.

► Estas ideas ayudan a las personas de diferentes modos.

## Coméntalo

Comenta en pareja cómo la naturaleza nos inspira y escribe tus ideas.

Naturaleza

# Vocabulario

**Mira las fotos y lee las oraciones para comentar cada palabra con un compañero o una compañera.**

### copiar

Estos robots pueden **copiar** nuestros movimientos.

Nombra animales que puedan copiar a las peronas.

### efectivo

Esta escoba es muy **efectiva** para barrer la tierra y las hojas.

¿Qué instrumento es efectivo para cortar papel?

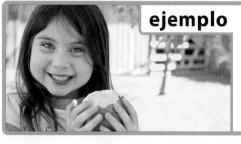

### ejemplo

La manzana es un buen **ejemplo** de fruta saludable.

Nombra un ejemplo de verdura saludable.

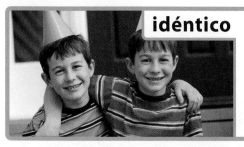

### idéntico

Mark y Matt son **idénticos** porque son gemelos.

¿Qué hace que dos cosas sean idénticas?

**material**

La manta del bebé está hecha de un **material** suave y cálido.

*Describe el material de la ropa que llevas.*

**modelo**

Kevin y yo jugamos con mi nuevo **modelo** de avión.

*¿Qué otros modelos conoces?*

**observar**

Meg **observó** los peces y escribió notas con su compañera.

*¿Qué palabra significa lo mismo que observar?*

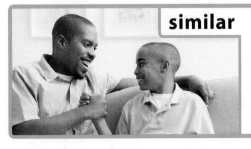

**similar**

Mi papá me regaló una camisa **similar** a la suya.

*¿Qué palabra significa lo opuesto a similar?*

## Tu turno

COLABORA

Elige tres palabras y escribe tres preguntas para tu compañero o compañera.

*¡Conéctate!* Usa el glosario digital ilustrado.

# LOS MURCIÉLAGOS FUERON LOS PRIMEROS

## Pregunta esencial

### ¿Qué ideas sacamos de la naturaleza?

Lee sobre cómo los murciélagos inspiraron un bastón para personas ciegas.

La naturaleza está llena de ideas maravillosas. Muchos inventores y científicos simplemente salen al aire libre y observan a su alrededor en busca de inspiración e ideas. Ellos suelen imitar, o **copiar**, lo que ven afuera. La naturaleza inspira sus inventos.

Los murciélagos inspiraron un invento asombroso. Se trata de un bastón especial con el que las personas ciegas pueden desplazarse.

**Este muchacho es ciego y usa un bastón especial para trasladarse.**

## Los bastones marcan el camino

Muchas personas ciegas usan bastones. Tocan el suelo con el bastón para ubicar objetos que están en el camino. Así pueden trasladarse sin problemas mientras hacen las compras o dan un paseo.

El bastón inspirado en los murciélagos es diferente. Emite ondas sonoras, o sonidos. Estos sonidos son casi **idénticos** a los que usan los murciélagos para moverse en la oscuridad.

## Cómo se trasladan los murciélagos

El científico a quien se le ocurrió la idea de crear este nuevo bastón se inspiró en los murciélagos. **Observó** la manera en que estos vuelan por la noche. Los murciélagos emiten sonidos muy agudos que los seres humanos no podemos oír. Esos sonidos crean un increíble sistema de navegación para los murciélagos. Así es como funciona.

Los murciélagos emiten ondas sonoras por la boca o la nariz. Estas ondas sonoras chocan contra los objetos y rebotan en forma de eco. El eco les indica la distancia a la que está el objeto y el tamaño que tiene. Los murciélagos usan esa información para encontrar insectos y alimentarse. También, es una manera **efectiva** de evitar que choquen contra los árboles o contra otros murciélagos.

## Cómo usa las ondas sonoras un murciélago

**Murciélago**

**Onda sonora**

**Eco**

**Polilla**

Este diagrama muestra cómo un murciélago usa las ondas sonoras. Primero, el murciélago emite ondas sonoras. Luego, las ondas chocan contra la polilla y rebotan en forma de eco. Esto le indica al murciélago la distancia a la que está la polilla.

## Una idea resonante

El científico que inventó el nuevo bastón se basó en lo que había aprendido al observar murciélagos y usó una idea **similar**. Comenzó con un bastón blanco común. Quería que el bastón imitara la manera en que los murciélagos usan las ondas sonoras. Entonces, hizo unos borradores y creó un **modelo** de su invento. Cuando construyó el bastón, usó un **material** especial que era liviano y resistente. Luego añadió ondas sonoras. Por último, un equipo de científicos probó el bastón. ¡Y funcionó!

## Cómo funciona el bastón

El mango del bastón emite señales, que rebotan en los objetos que tiene enfrente. Entonces se produce un eco que se siente en el mango del bastón. La persona que lo lleva siente que vibran los botones que tiene el mango. Estos botones indican a qué distancia está el objeto y cuál es su tamaño.

**El bastón inspirado en los murciélagos**

Onda sonora

Bastón

Eco

Buzón

Este bastón inspirado en los murciélagos emite ondas sonoras. El bastón le avisa al hombre que hay un objeto en el camino.

Steve Schell

234

Los científicos y los inventores estudian continuamente las plantas y los animales. Sus observaciones les han permitido inventar muchas cosas útiles. Al igual que muchos inventos nuevos, el bastón inspirado en los murciélagos es un buen **ejemplo** de que las grandes ideas a veces vienen de la naturaleza.

Este científico está estudiando cómo vuelan los murciélagos.

## ¿? Haz conexiones

¿Por qué los murciélagos sirvieron de inspiración para la creación de un bastón? **PREGUNTA ESENCIAL**

¿Qué elemento de la naturaleza te inspira? ¿Qué te gustaría inventar? **EL TEXTO Y TÚ**

# Resumir

Cuando resumes, vuelves a contar las ideas y los detalles más importantes de un texto. Busca los detalles clave para resumir "Los murciélagos fueron los primeros".

 **Busca evidencias en el texto**

¿Cómo se le ocurrió a un científico inventar el nuevo tipo de bastón? Identifica las ideas y los detalles clave y resúmelos con tus propias palabras.

**página 232**

### Cómo se trasladan los murciélagos

El científico a quien se le ocurrió la idea de crear este nuevo bastón se inspiró en los murciélagos. **Observó** la manera en que estos vuelan por la noche. Los murciélagos emiten sonidos muy agudos que los seres humanos no podemos oír. Esos sonidos crean un increíble sistema de navegación para los murciélagos. Así es como funciona.

Leo que *a un científico se le ocurrió una idea para crear un bastón nuevo. Observó que los murciélagos usan ondas sonoras para trasladarse por la noche.* Estos detalles me ayudan a resumir.

**COLABORA**

## Tu turno

Vuelve a leer la sección "Cómo funciona el bastón" en la página 234. Haz un resumen usando las ideas y los detalles clave.

# Idea principal y detalles clave

La idea principal es el punto más importante que un autor quiere destacar sobre un tema. Los detalles clave apoyan la idea principal. Identifica los detalles para descubrir cuál es la idea principal.

 **Busca evidencias en el texto**

*¿Qué detalles describen cómo vuelan los murciélagos por la noche? Puedo volver a leer la página 233 para buscar detalles clave. Luego puedo identificar qué tienen en común para hallar la idea principal.*

| Idea principal |
| --- |
| |
| **Detalle** |
| Los murciélagos emiten sonidos agudos por la boca y la nariz. |
| **Detalle** |
| Las ondas sonoras chocan contra los objetos y rebotan en forma de eco. |
| **Detalle** |
| |

 COLABORA

**Tu turno**

Vuelve a leer. Busca más detalles clave sobre el vuelo de los murciélagos y escríbelos en tu organizador gráfico. ¿Cuál es la idea principal?

*Conéctate*
*Usa el organizador gráfico interactivo.*

# Texto expositivo

"Los murciélagos fueron los primeros" es un texto expositivo. El **texto expositivo**:

- Presenta datos e información sobre un tema.
- Incluye características de texto, como fotografías, pies de foto y diagramas.

 **Busca evidencias en el texto**

*Sé que "Los murciélagos fueron los primeros" es un texto expositivo. Tiene fotografías con pies de foto y un diagrama que muestra cómo vuelan los murciélagos por la noche.*

**página 233**

Los murciélagos emiten ondas sonoras por la boca o la nariz. Estas ondas sonoras chocan contra los objetos y rebotan en forma de eco. El eco les indica la distancia a la que está el objeto y el tamaño que tiene. Los murciélagos usan esa información para encontrar insectos y alimentarse. También, es una manera **efectiva** de evitar que choquen contra los árboles o contra otros murciélagos.

Cómo usa las ondas sonoras un murciélago

Murciélago

Onda sonora

Eco

Polilla

Este diagrama muestra cómo un murciélago usa las ondas sonoras. Primero, el murciélago emite ondas sonoras. Luego, las ondas chocan contra la polilla y rebotan en forma de eco. Esto le indica al murciélago la distancia a la que está la polilla.

233

## Características del texto

**Diagrama** Es un dibujo que da más información sobre el texto. Los rótulos nombran las partes del diagrama.

**Pie de foto** Da información sobre una fotografía o un diagrama.

 COLABORA

**Tu turno**

Observa el diagrama de la página 233. ¿Cómo encuentran los murciélagos su alimento?

# Raíces de palabras

La raíz es la forma más simple de una palabra. Si identificas la raíz, puedes descubrir el significado de palabras desconocidas.

 **Busca evidencias en el texto**

*En "Los murciélagos fueron los primeros" veo la palabra* información. *Sé que la raíz de la palabra* información *es* inform-. *También sé que* informar *significa "dar a conocer algo". Una* información *es "algo que se dio a conocer".*

Los murciélagos usan esa información para encontrar insectos y alimentarse.

## Tu turno

Identifica la raíz de cada palabra para descubrir su significado.

**inspiración,** *página 231*

**navegación,** *página 232*

# De lectores...

Un texto expositivo debe tener un buen final. Un buen final contiene una conclusión. En ella se expresa la idea principal con otras palabras. Vuelve a leer el último párrafo del texto.

**Ejemplo modelo**

## Buen final
¿Qué información hay en el **final**?

Los científicos y los inventores estudian continuamente las plantas y los animales. Sus observaciones les han permitido inventar muchas cosas útiles. Al igual que muchos inventos nuevos, el bastón inspirado en los murciélagos es un buen ejemplo de que las grandes ideas a veces vienen de la naturaleza.

# a escritores

## Marcas de corrección

≡ Mayúscula

/ Minúscula

⊙ Agregar punto

∧ Insertar

⌐ Eliminar

Nick escribió un texto sobre una idea que sacó de la naturaleza. Fíjate en sus correcciones.

**Manual de gramática**
Página 472
**Los verbos regulares terminados en -ar**

**Ejemplo del estudiante**

## Mi idea favorita

Quiero inventar un nuevo tipo de carro. El nombre estará en Francés. Pensaba imitar un pez cofre. El carro se parecerá mucho a ese pez⊙ Su forma le permite nadar más rápido. la forma de mi carro le permite recorrer más millas con menos combustible. ¡Qué

excelente
buena idea!

## Tu turno

COLABORA

- ☑ Identifica un buen final.
- ☑ Busca un verbo terminado en -ar en pretérito.
- ☑ Comenta cómo las correcciones mejoraron el texto.

**¡Conéctate!**
Escribe en el rincón del escritor.

241

**Pregunta esencial**

¿Qué hace que un suceso histórico sea único?

*¡Conéctate!*

© Corbis

242

## La historia vive

Cristóbal Colón navegó hasta América en 1492. Hoy existen personas que recrean ese viaje histórico. Revivir sucesos del pasado es una manera de recordar y comprender lo que sucedió.

► La historia está llena de sucesos únicos.

► Revivir la historia nos ayuda a apreciar lo difícil que era viajar en otras épocas.

## Coméntalo

Piensa en un momento histórico en el cual las personas viajaron de un lugar a otro. Comenta en pareja por qué ese suceso es único.

Suceso

# Vocabulario

**Mira las fotos y lee las oraciones para comentar
cada palabra con un compañero o una compañera.**

### apreciar

Inés y Juana **aprecian** todo lo que su abuela hace por ellas.

¿Cómo muestras a las personas que las aprecias?

### descendiente

Ann y su familia son **descendientes** de asiáticos.

¿Qué son los descendientes?

### explosión demográfica

En China hay una **explosión demográfica**.

¿Qué significa explosión demográfica?

### inmigración

La **inmigración** es difícil pero a veces es necesaria.

Nombra algunas razones para la inmigración.

### pionero

En 1843, los **pioneros** cruzaron el país en carromatos.

¿Por qué cruzaron el país los pioneros?

### placentero

Para Lori el frío del invierno es agradable y **placentero**.

¿Cuál es la estación más placentera para ti?

### transporte

El tren es el medio de **transporte** preferido por muchas personas.

Nombra otro medio de transporte.

### vehículo

Estos **vehículos** están en un estacionamiento.

¿En qué clase de vehículo vas a la escuela?

## Tu turno

COLABORA

Elige tres palabras y escribe tres preguntas para tu compañero o compañera.

*¡Conéctate!* **Usa el glosario digital ilustrado.**

(t) Phil Schermeister/National Geographic/Getty Images; (tc) Caroline Woodham/Photographer's Choice RF/Getty Images; (bc) Medioimages/Photodisc/Getty Images; (b) Philip and Karen Smith/Iconica/Getty Images

### Pregunta esencial

**¿Qué hace que un suceso histórico sea único?**

Lee acerca de los pioneros y su viaje a Oregón.

Los pioneros cruzaron Estados Unidos en carromatos como este.

Greg Ryan/Alamy

246

# Camino a Oregón

En la primavera de 1843, más de 800 **pioneros** comenzaron un viaje desde Independence (Missouri) hacia la ciudad de Oregón (Oregón). Tenían 120 carromatos y 5,000 cabezas de ganado. Fue uno de los primeros viajes en carromato por el camino de Oregón.

## Tierra de promesas

En el siglo XIX, la vida era muy difícil en Missouri. Por el mal tiempo, se perdieron las cosechas. Las tiendas cerraron. Entonces, muchas personas se quedaron sin trabajo.

Los estadounidenses querían llevar una vida más agradable. Querían vivir en un lugar con suelo más fértil y clima más **placentero**.

El gobierno de Estados Unidos dio gratuitamente tierras a los pioneros. Miles de personas viajaron hacia el oeste, hasta Oregón, ubicado en el noroeste del país.

*Este mapa muestra el camino de Oregón en 1843.*

### El camino de Oregón

Ciudad de Oregón

REGIÓN DE OREGÓN

TERRITORIO SIN ORGANIZAR

IOWA

Independence

MISSOURI

TERRITORIO MEXICANO

REPÚBLICA DE TEXAS

REFERENCIAS
Camino
Ciudades

## Prepararse para partir

Los pioneros sabían que la **inmigración** no sería nada fácil. Para llegar a Oregón, debían viajar más de 2,000 millas por caminos polvorientos y desiguales durante cinco meses. Tenían que estar bien preparados.

Primero juntaron vacas y gallinas. Luego empacaron muchas libras de alimentos, utensilios para cocinar, herramientas y semillas.

Los carromatos eran el principal medio de **transporte** en el camino de Oregón. Llevaban todas las cosas necesarias para una familia. No había espacio disponible para mucho más. Por eso, los niños no pudieron llevar libros ni juguetes y dejaron la mayor parte de su ropa.

## Un viaje largo y difícil

Les llevó semanas planear el viaje y empacar. Primero, las familias debían enganchar un grupo de bueyes a su carromato. Estos eran animales fuertes y confiables que podían arrastrar los pesados **vehículos**. Luego, las familias se reunían con otras.

Los carromatos que viajaban juntos formaban una caravana. Los niños y los adultos saludables iban caminando. Los que estaban enfermos o cansados, viajaban en los carromatos.

El agua sucia, las enfermedades y las fuertes tormentas de polvo hacían del viaje todo un desafío. Pero los pioneros estaban convencidos. Y gracias a eso, finalmente llegaron a Oregón, su nuevo hogar.

**La recreación de este suceso histórico muestra una caravana de carromatos en el camino de Oregón.**

## Una vida nueva

Cuando los pioneros llegaron a Oregón, limpiaron el terreno, construyeron casas y cultivaron el suelo. Con la llegada de más inmigrantes crecían las ciudades. Gracias a la **explosión demográfica**, se abrían tiendas y restaurantes. Los negocios eran un éxito. Los pioneros trabajaron sin descanso para que las ciudades crecieran. Habían hallado una vida mejor.

Muchos de los habitantes actuales de Oregón son **descendientes** de los pioneros que viajaron hacia el oeste entre 1840 y 1880. Ellos **aprecian** el trabajo y la valentía de sus parientes. Y están agradecidos por el camino de Oregón.

## ¡Conoce tu historia!

La historia es el estudio de las personas y los sucesos del pasado. Es importante conocer el pasado de nuestro país. Cuando aprendemos historia apreciamos más nuestro país y a quienes contribuyeron a construirlo.

Una manera de aprender historia es leer los relatos de los valientes que la vivieron. Puedes leer diarios de pioneros o biografías de exploradores. ¡Son más fascinantes que una película o un programa de televisión!

**Aún se pueden ver algunos tramos del camino de Oregón.**

## ¿¿? Haz conexiones

¿Por qué la inmigración de Oregón fue un hecho histórico único? **PREGUNTA ESENCIAL**

¿Cuál es tu suceso histórico favorito? Explica por qué. **EL TEXTO Y TÚ**

# Resumir

Cuando resumes, cuentas las ideas y los detalles más importantes de un texto con tus propias palabras. Identifica los detalles clave para resumir "Camino a Oregón".

 **Busca evidencias en el texto**

¿Por qué los pioneros abandonaron Missouri y viajaron hasta Oregón? Vuelve a leer la página 247. Busca los detalles y decide cuáles son más importantes. Luego resume el texto con tus propias palabras.

> **página 247**
>
> En la primavera de 1843, más de 800 **pioneros** comenzaron un viaje desde Independence (Missouri) hacia la ciudad de Oregón (Oregón). Tenían 120 carromatos y 5,000 cabezas de ganado. Fue uno de los primeros viajes en carromato por el camino de Oregón.
>
> **Tierra de promesas**
>
> En el siglo XIX, la vida era muy difícil en Missouri. Por el mal tiempo, se perdieron las cosechas. Las tiendas cerraron. Entonces, muchas personas se quedaron sin trabajo.
>
> Los estadounidenses querían llevar una vida más agradable. Querían vivir en un lugar con suelo más fértil y clima más **placentero**.
>
> El gobierno de Estados Unidos dio gratuitamente tierras a los pioneros. Miles de personas viajaron hacia el oeste, hasta Oregón, ubicado en el noroeste del país.

*Leo que se perdieron las cosechas, que cerraron tiendas y que las personas no tenían trabajo. El clima y el suelo eran mejores en Oregón. Estos detalles me sirven para resumir. Los pioneros se fueron de Missouri porque vivir allí era difícil.*

## Tu turno

 COLABORA

Vuelve a leer "Una vida nueva". Busca los detalles clave y úsalos para resumir el texto con tus propias palabras.

# Secuencia

La secuencia es el orden en que ocurren los sucesos.
Busca palabras y frases que indiquen orden cronológico.
Por ejemplo: *primero, luego, después, más tarde*
y *por último.*

## Busca evidencias en el texto

*En "Camino a Oregón", los sucesos se presentan en orden
cronológico. Era difícil vivir en Missouri en el siglo XIX y
el gobierno de Estados Unidos estaba dando terrenos
gratuitamente. Ese es el primer suceso.*

Suceso

El gobierno regaló terrenos en
Oregón y los pioneros marcharon
hacia el oeste.

⬇

Primero, los pioneros juntaron
vacas y gallinas.

⬇

Luego, empacaron alimentos,
utensilios, herramientas y semillas.

⬇

⬇

**Tu turno**

Vuelve a leer "Una vida
nueva". ¿Qué sucedió
cuando llegaron a
Oregón? Completa tu
organizador gráfico con
detalles de los sucesos en
orden. Busca palabras de
enlace como ayuda.

*¡Conéctate!*
**Usa el organizador gráfico interactivo.**

# Texto expositivo

"Camino a Oregón" es un texto expositivo.

El **texto expositivo:**

- Trata temas de estudios sociales o historia.
- Tiene títulos y notas al margen.
- Incluye fotos, pies de foto o mapas.

 **Busca evidencias en el texto**

*Sé que "Camino a Oregón" es un texto expositivo porque da información sobre el camino de Oregón. Tiene títulos, fotos, pies de foto y un mapa.*

**página 249**

**Una vida nueva**

Cuando los pioneros llegaron a Oregón, limpiaron el terreno, construyeron casas y cultivaron el suelo. Con la llegada de más inmigrantes crecían las ciudades. Gracias a la **explosión demográfica**, se abrían tiendas y restaurantes. Los negocios eran un éxito. Los pioneros trabajaron sin descanso para que las ciudades crecieran. Habían hallado una vida mejor.

Muchos de los habitantes actuales de Oregón son **descendientes** de los pioneros que viajaron hacia el oeste entre 1840 y 1880. Ellos **aprecian** el trabajo y la valentía de sus parientes. Y están agradecidos por el camino de Oregón.

**TIME.** por niños.

**¡Conoce tu historia!**

La historia es el estudio de las personas y los sucesos del pasado. Es importante conocer el pasado de nuestro país. Cuando aprendemos historia apreciamos más nuestro país y a quienes contribuyeron a construirlo.

Una manera de aprender historia es leer los relatos de los valientes que la vivieron. Puedes leer diarios de pioneros o biografías de exploradores.

¡Son más fascinantes que una película o un programa de televisión!

Aún se pueden ver algunos tramos del camino de Oregón.

**Haz conexiones**

¿Por qué la inmigración de Oregón fue un hecho histórico único? PREGUNTA ESENCIAL

¿Cuál es tu suceso histórico favorito? Explica por qué. EL TEXTO Y TÚ

249

## Características del texto

**Notas al margen** Presenta la opinión del autor.

**Fotografías y pies de foto** Brindan datos y detalles adicionales.

**COLABORA**

**Tu turno**

Vuelve a leer la nota al margen de la página 249. Comenta en pareja cuál es la opinión del autor.

# Sufijos

Un sufijo es la parte de una palabra que se agrega al final para cambiar su significado. El sufijo *-ble (-able/-ible)* significa "que es o puede ser".

## Busca evidencias en el texto

*Veo la palabra* agradable *en la página 247.* Agradable *tiene la misma raíz que* agradar. *Sé que* agradar *significa "gustar". El sufijo* -able *significa "que es o puede ser". Creo que la palabra* agradable *significa "que gusta".*

Los estadounidenses querían llevar una vida más agradable.

## Tu turno

Usa los sufijos para descubrir el significado de estas palabras.

**disponible,** *página 248*

**confiables,** *página 248*

# De lectores...

Los escritores usan una voz formal para escribir informes. Una voz formal tiene oraciones completas y presta atención a la gramática. La voz informal se usa para escribir a familiares o amigos. La voz informal usa abreviaturas y palabras coloquiales. Vuelve a leer este párrafo de "Camino a Oregón" y fíjate en la voz que usó el escritor.

**Ejemplo modelo**

## Voz formal e informal

¿La voz del autor es formal o informal? ¿Cómo lo sabes?

En la primavera de 1843, más de 800 pioneros comenzaron un viaje desde Independence (Missouri) hacia la ciudad de Oregón (Oregón). Tenían 120 carromatos y 5,000 cabezas de ganado. Fue uno de los primeros viajes en carromato por el camino de Oregón.

Greg Ryan/Alamy

# a escritores

Sara escribió una carta sobre la importancia de estudiar historia. Lee las correcciones que hizo.

**Ejemplo del estudiante**

## ¡Informe listo!

Hola JB⊙

≡tenías razón: estudiar historia es importante y puede ser divertido⊙

En www⌃historia⊙com encontré datos
~~importantes~~ ⌃*interesantes* para el informe sobre

la /Vida de los pioneros. También

leeré el libro que me prestaste⊙

¡Hasta mañana!

Sara

### Marcas de corrección

≡ Mayúscula
/ Minúscula
⊙ Agregar punto
∧ Insertar
⌐ Eliminar

### Manual de gramática
Página 472
**Verbos regulares terminados en -er, -ir**

## Tu turno

☑ Identifica la voz.
☑ Identifica un verbo regular terminado en -er o -ir en pretérito.
☑ Comenta cómo las correcciones mejoraron el texto.

**¡Conéctate!**
*Escribe en el rincón del escritor.*

# Vence obstáculos

Texto ©2002 Humberto Ak'abal.
Ilustrado por Celeste Berlier.

## La gran idea

**¿Cómo logramos nuestras metas
venciendo obstáculos?**

# El Barquito

La tarde no se quería ir.
Todo era agua, agua, agua.

—El niño reía—
Soltó el barco de vela;
de su boca brotó el viento
y comenzó a navegar.

Se iba, se iba, se iba,
sus ojitos detrás del barco
y él dentro,
soñando, cantando
hasta que se hundió.

Una hoja más del cuaderno
y continuó su viaje
en otro barquito de papel.

*Humberto Ak'abal*

**Pregunta esencial**

¿Qué elección es mejor para nosotros?

*¡Conéctate!*

# Escoger con inteligencia

Algunas decisiones son fáciles de tomar. Cuando tengo hambre, la fruta es mi merienda preferida y es deliciosa y saludable. Saber que puedo escoger me hace sentir bien.

▶ Tomamos muchas decisiones todos los días.

▶ Las elecciones inteligentes nos ayudan a vivir una vida sana.

## Coméntalo

¿Qué elecciones dependen de ti? Habla en pareja sobre cómo tomar decisiones inteligentes.

Elecciones inteligentes

# Vocabulario

**Mira las fotos y lee las oraciones para comentar cada palabra con un compañero o una compañera.**

### abundantemente

Esa planta crece **abundantemente** en los jardines soleados.

¿Comer abundantemente es saludable?

### barranco

Si te paras en el borde de un **barranco** puedes caerte.

¿Conoces otra palabra que significa casi lo mismo que barranco?

### cultivar

Estas niñas **cultivan** el amor por la danza.

Además de verduras y frutas, ¿qué otras cosas se pueden cultivar?

### curiosear

Me gusta **curiosear** en las tiendas de antiguedades.

¿Te diviertes curioseando en las tiendas?

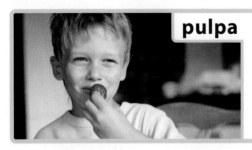

**pulpa**

La **pulpa** de las fresas es deliciosa.

*¿Todas las frutas tienen pulpa?*

**saborear**

José y Tori **saborean** un saludable almuerzo.

*¿A ti qué te gusta saborear?*

**saludable**

Susana elige alimentos **saludables** en el mercado.

*Da un ejemplo de un almuerzo saludable.*

**variedad**

La librería tiene una gran **variedad** de libros de mi autor favorito.

*¿Dónde más se puede encontrar una gran variedad de libros?*

## Tu turno

COLABORA

Elige tres palabras y escribe tres preguntas para tu compañero o compañera.

*¡Conéctate!* *Usa el glosario digital ilustrado.*

# Una semana en el Caribe

### Virginia Segret Mouro

La familia Gómez, que vive en la capital, visitó la isla Margarita en el mar Caribe de Venezuela. Allí, las playas son grandes y los peces coloridos. Además, hay gran **variedad** de plantas silvestres y palmeras repletas de cocos listos para **saborear**.

## Pregunta esencial

**¿Qué elección es mejor para nosotros?**

Lee acerca de las opciones que nos ofrece la naturaleza.

Adriana Matallana

Papá Roberto les contó a sus hijos la historia de esta isla. Les dijo:

—Tiene playas rodeadas por montañas con **barrancos** llenos de verde. Antes, la isla se llamaba Paraguachoa. La habían habitado los indios guaiqueríes y caribes. Ellos eran grandes pescadores y sabían mucho del mar. En la isla tenían todo lo que necesitaban para vivir: pescado, coco, fruta y hasta perlas. Nada tenía que **cultivarse**, pues ahí las cosas crecían **abundantemente** de manera natural.

También les contó que cuando llegaron los españoles llamaron "Margarita" a la isla, porque era el nombre de la hija del rey de España. Ahí, los españoles construyeron fortalezas y llevaron muchas perlas a España para el rey.

Cuando llegaron, papá Roberto empezó a armar la tienda bajo un cielo tormentoso con la ayuda de sus niños, Leticia y Luis.

Los niños tenían hambre, pero antes de salir a **curiosear**, tenían que terminar de levantar la tienda. Entonces, mamá Valeria tuvo una idea.

—Vamos a recoger unos cocos para tomar su agua y comernos la **pulpa**. Esto les dará energía hasta la cena.

Luis y Leticia nunca habían tomado agua de coco. En el pasado, los habitantes de la isla, cuando tenían sed, tomaban el agua de coco, que es pura y refrescante. El agua potable que viene de las montañas está muy lejos de la playa.

263

Los niños y el padre buscaron algunos cocos caídos de las palmeras y los partieron con un cuchillo. Era la primera vez que los niños veían un coco en su estado natural. Cuando probaron el agua fresca de la fruta, quedaron maravillados.

Luego, continuaron armando la tienda todos juntos. Por fin, la tienda ya estaba lista. De pronto, un trueno retumbó en el cielo. La lluvia comenzó a caer en gruesos chorros y la familia, en seguida, se cobijó.

—Usaré las hojas de los cocoteros para cubrir el techo de la tienda —dijo Roberto—. Además, es lo que siempre han utilizado los de la isla para hacer los techos de sus casas. Ya verán.

Un rato después, la lluvia paró y el cielo se despejó. Entonces decidieron preparar la cena. La familia dio un paseo por la playa y recolectaron algunos trozos de palmera caídos en la arena para hacer una fogata.

Mientras tanto, Roberto fue a pescar. Media hora más tarde, trajo pescado para asar.

Adriana Matallana

264

El pescado fresco es muy **saludable**.

Cuando terminaron de comer, los niños y su madre tuvieron una idea. Decidieron utilizar las cáscaras de los cocos que habían comido para hacer unas vasijas.

—Niños, a veces hay que usar la imaginación para satisfacer nuestras necesidades —dijo Valeria.

—Como hacían los caribes —respondió papá Roberto.

—¿Quiénes eran los caribes?

—Los caribes eran los indios que vivían aquí cuando llegaron los españoles. Ellos vivían de la pesca. Hacían sus casas de madera y hojas de cocotero. Sus vasijas eran de cáscara de coco.

Los niños estaban fascinados con la experiencia y con las historias de su padre.

La familia Gómez pasó una semana explorando la isla Margarita. Experimentaron cómo se vivía ahí antes de la conquista. También aprendieron de la naturaleza y lo que se puede hacer con los recursos naturales que uno encuentra a su alrededor. Tal como hacían los guaiqueríes y caribes antes de que llegaran los europeos.

## ¿? Haz conexiones

¿Por qué acampar en la isla Margarita fue una decisión inteligente? **PREGUNTA ESENCIAL**

¿Cómo te sientes cuando haces buenas elecciones? **EL TEXTO Y TÚ**

# Hacer y responder preguntas

Mientras lees "Una semana en el Caribe" piensa en las preguntas que puedes hacer. Identifica los detalles en el cuento para contestarlas.

## Busca evidencias en el texto

Lee la página 263. Piensa en una pregunta. Luego busca detalles para responderla.

**página 263**

Papá Roberto les contó a sus hijos la historia de esta isla. Les dijo:

—Tiene playas rodeadas por montañas con **barrancos** llenos de verde. Antes, la isla se llamaba Paraguachoa. La habían habitado los indios guaiqueríes y caribes. Ellos eran grandes pescadores y sabían mucho del mar. En la isla tenían todo lo que necesitaban para vivir: pescado, coco, fruta y hasta perlas. Nada tenía que **cultivarse**, pues ahí las cosas crecían **abundantemente** de manera natural.

También les contó que cuando llegaron los Españoles llamaron "Margarita" a la isla, porque era el nombre de la hija del rey de España. Ahí, los españoles construyeron fortalezas y llevaron muchas perlas a España para el rey.

Cuando llegaron, papá Roberto empezó a armar la tienda bajo un cielo tormentoso con la ayuda de sus niños, Leticia y Luis.

Los niños tenían hambre, pero antes de salir a **curiosear**, tenían que terminar de levantar la tienda. Entonces, mamá Valeria tuvo una idea.

—Vamos a recoger unos cocos para tomar su agua y comernos la **pulpa**. Esto les dará energía hasta la cena.

Luis y Leticia nunca habían tomado agua de coco. En el pasado, los habitantes de la isla, cuando tenían sed, tomaban el agua de coco, que es pura y refrescante. El agua potable que viene de las montañas, está muy lejos de la playa.

> *Leo que en el pasado los habitantes tomaban agua de coco porque no había agua potable en la isla.* Ellos aprenden cosas nuevas en contacto con la naturaleza. Hacen lo mismo que los antiguos habitantes.

## Tu turno

COLABORA

Vuelve a leer el cuento y piensa en una pregunta. Por ejemplo ¿Por qué cambió el nombre de la isla?

Adriana Matallana

266

# Punto de vista

El narrador tiene opiniones sobre los sucesos y los personajes del cuento. Estas opiniones son su punto de vista. Identifica detalles en el cuento que representan el punto de vista del narrador.

 **Busca evidencias en el texto**

*El narrador describe la isla como un lugar en donde hay mucha riqueza natural. Esto me demuestra que ama la isla y la naturaleza.*

| Detalles |
|---|
| Las playas son grandes y los peces coloridos. Hay variedad de plantas silvestres y palmeras repletas de cocos. |
| |
| |

↓

| Punto de vista |
|---|
| |

**Tu turno**

Vuelve a leer "Una semana en el Caribe". Busca detalles con el punto de vista del narrador y escríbelos en el organizador gráfico. Compara tu punto de vista sobre la isla con el punto de vista del narrador.

*¡Conéctate!*
*Usa el organizador gráfico interactivo.*

# Ficción histórica

El cuento "Una semana en el Caribe" es **ficción histórica**.
Sabemos que es ficción histórica porque:

- Combina datos y hechos históricos con ficción.
- Los personajes pueden ser reales.
- El ambiente es real.

 **Busca evidencias en el texto**

*Sé que "Una semana en el Caribe" es ficción histórica porque
los personajes son inventados, pero el cuento contiene datos
históricos y sucede en un ambiente real.*

### página 263

Papá Roberto les contó a sus hijos la historia de esta isla. Les dijo:

—Tiene playas rodeadas por montañas con **barrancos** llenos de verde. Antes, la isla se llamaba Paraguachoa. La habían habitado los indios guaiqueríes y caribes. Ellos eran grandes pescadores y sabían mucho del mar. En la isla tenían todo lo que necesitaban para vivir: pescado, coco, fruta y hasta perlas. Nada tenía que **cultivarse**, pues ahí las cosas crecían **abundantemente** de manera natural.

También les contó que cuando llegaron los Españoles llamaron "Margarita" a la isla, porque era el nombre de la hija del rey de España. Ahí, los españoles construyeron fortalezas y llevaron muchas perlas a España para el rey.

Cuando llegaron, papá Roberto empezó a armar la tienda bajo un cielo tormentoso con la ayuda de sus niños, Leticia y Luis.

Los niños tenían hambre, pero antes de salir a **curiosear**, tenían que terminar de levantar la tienda. Entonces, mamá Valeria tuvo una idea.

—Vamos a recoger unos cocos para tomar su agua y comernos la **pulpa**. Esto les dará energía hasta la cena.

Luis y Leticia nunca habían tomado agua de coco. En el pasado, los habitantes de la isla, cuando tenían sed, tomaban el agua de coco, que es pura y refrescante. El agua potable que viene de las montañas, está muy lejos de la playa.

263

Combina datos históricos
con ficción. Hay personajes
inventados y reales.

 COLABORA

## Tu turno

Busca dos ejemplos de sucesos
históricos en el cuento "Una
semana en el Caribe". Comenta
en pareja por qué es ficción
histórica.

# Raíces de palabras

La raíz es la parte de la palabra que no cambia. Cuando leas una palabra desconocida, identifica su raíz para intentar descubrir su significado.

 **Busca evidencias en el texto**

*En la página 263, veo la palabra* tormentoso. *Sé que la raíz* torment– *se encuentra en la palabra* tormenta, *que significa aguacero y también que la terminación –oso indica abundancia. Por lo tanto, tormentoso significa un tiempo que puede traer abundantes tormentas.*

> Cuando llegaron a la isla, papá Roberto empezó a armar la tienda bajo un cielo tormentoso con la ayuda de sus niños, Leticia y Luis.

## Tu turno

COLABORA

Identifica la raíz de estas palabras para averiguar su significado.

**maravillados,** *página 264*

**recolectaron,** *página 264*

Comenta el significado de las palabras con un compañero o compañera.

Adriana Matallana

# De lectores...

Los escritores expresan lo que sienten y piensan a través de los personajes y de los sucesos que describen. Esa es la voz del escritor.

## Expresar sentimientos

¿Qué sienten los niños durante su viaje a la isla? Busca detalles que te ayudan a identificar los sentimientos de los personajes.

**Ejemplo modelo**

Los niños estaban fascinados con la experiencia y con las historias de su padre.

La familia Gómez pasó una semana explorando la isla Margarita. Experimentaron cómo se vivía ahí antes de la conquista. También aprendieron de la naturaleza y lo que se puede hacer con los recursos naturales que uno encuentra a su alrededor. Tal como hacían los guaiqueríes y caribes antes de que llegaran los europeos.

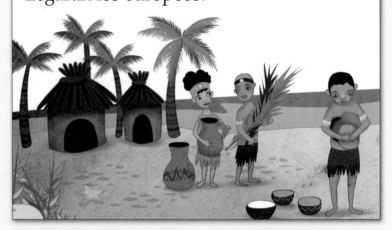

Adriana Matallana

270

# a escritores

## Marcas de corrección

≡ Mayúscula
/ Minúscula
⊙ Agregar punto
∧ Insertar
⤹ Eliminar

Alex escribió un texto contando por qué salir a correr es una buena elección. Lee las correcciones que hizo.

**Manual de gramática**

Página 472
**El pretérito imperfecto**

**Ejemplo del estudiante**

## Corriendo con mi papá

me encantaba salir a correr
≡

con mi papá. Corríamos todos los

días hacia el ~~N~~orte o hacia el ~~S~~ur

                            pensé
de la ciudad. Yo siempre pensab~~a~~
                                ∧

que correr es una buena forma

                        i
de hacer ejercicio. ⟨Respirar aire
                    ∧

fresco es muy divertido!

                          formamos
Mi papá y ~~yo~~ Nosotros ~~formándo~~
                            ∧
        ⊙
un gran equipo
              ∧

## Tu turno

☑ Identifica los sentimientos del escritor.
☑ Identifica verbos en pretérito imperfecto.
☑ Comenta cómo las correcciones mejoraron el texto.

**¡Conéctate!**
*Escribe en el rincón del escritor.*

¿? **Pregunta esencial**

## ¿Cómo usas tus talentos para ayudar a los demás?

¡Conéctate!

# USA TUS DESTREZAS

Todos tenemos algún talento o destreza. Algunos somos más artísticos, otros más intelectuales. Unos son buenos en los deportes mientras que otros en la música.

▶ Podemos usar nuestros talentos para ayudar a los demás.

▶ Nuestros talentos y destrezas nos hacen sentir bien con nosotros mismos.

## Coméntalo

Escribe algunos talentos y comenta en pareja cómo se usan para ayudar a los demás.

Talentos

(t) Corbis

# Vocabulario

**Mira las fotos y lee las oraciones para comentar cada palabra con un compañero o una compañera.**

### comprometer

Marisa se **comprometió** a ser más ordenada en el futuro.

¿Por qué se comprometen las personas a hacer algo?

### confianza

Paula leyó su informe con calma y **confianza**.

¿Qué significa tener confianza?

### domicilio

El camión de mudanza llevó los muebles al nuevo **domicilio** de Tom.

¿Alguna vez cambiaste de domicilio?

### imprudente

Es **imprudente** bajar las escaleras corriendo.

¿Qué palabra significa lo opuesto de imprudente?

### inquilino

Ayer fuimos a saludar a los nuevos **inquilinos**.

¿Qué debe pagar un inquilino todos los meses?

### logro

Ese gol de mi equipo de fútbol fue un verdadero **logro**.

Menciona algo que consideres un logro.

### pacientemente

Lila practica **pacientemente** con su violín.

¿Cuándo tuviste que realizar algo pacientemente?

### travieso

El cachorrito **travieso** rasgó el pantalón de su dueño.

¿Qué hace un niño travieso?

COLABORA

## Tu turno

Elige tres palabras y escribe tres preguntas para tu compañero o compañera.

**¡Conéctate!** *Usa el glosario digital ilustrado.*

(t) © SW Productions/Brand X/Corbis; (tc) John Giustina/Iconica/Getty Images; (bc) Bruce Laurance/Blend Images/Getty Images; (b) Image Source/Getty Images

# ¡Una idea genial!

Virginia Segret Mouro

## ¿? Pregunta esencial

**¿Cómo usas tus talentos para ayudar a los demás?**

Lee y descubre cómo todos se benefician cuando se usa bien un talento.

El matrimonio Ibarra vivía en la planta baja de una casa de tres pisos. Ellos eran los dueños, pero no estaban solos.

En el segundo piso vivían sus **inquilinos**. Rita, una nena de ocho años, y Silvio, su hermanito de diez. Rosa y Raúl eran sus papás. Y en el tercero, vivían el señor y la señora Pérez.

El **domicilio** tenía un jardín muy grande pero desprolijo y sin plantas, porque a los Ibarra no les gustaba la jardinería.

El señor Pérez estaba desocupado pues había perdido su trabajo. Tenía mucho tiempo libre y se aburría bastante.

Un día, su esposa le propuso:

—Ve a ver al señor Ibarra y dile que tú puedes hacer un bello jardín en la casa. Allí la tierra es muy buena. Las plantas crecerán rápido. Él tendrá **confianza** en ti.

— ¡Iré hoy mismo a hablar con ellos! —respondió entusiasmado.

A la familia Ibarra le encantó la idea. Esa misma tarde, el señor Pérez tomó su carretilla, su pala y su rastrillo y, **pacientemente**, comenzó su trabajo.

Los niños del segundo piso, sorprendidos de ver al señor Pérez en el jardín, le preguntaron si podían contribuir.

— ¡Claro! Pidan permiso a sus padres y bajen al jardín.

Los niños bajaron al jardín y se comprometieron a ayudar por las tardes, antes de cenar. Poroto, el perrito de los niños, también quería participar. Corría de acá para allá, **imprudente**, metiendo sus patitas en el barro.

— ¡Sal de ahí, Poroto **travieso**, o irás a tu perrera! —lo retó el señor Pérez.

Dos semanas después, ya habían desenterrado las hierbas malas y la tierra ya estaba lista para sembrarla.

Los tres plantaron rosales muy cerca de la casa. Para adornarla pusieron árboles de frutas, y enterraron semillas de lechugas, repollos, puerros y muchas verduras más.

La labor ya estaba casi terminada. Con la ayuda de los niños, el señor y la señora Pérez regaron las plantas con entusiasmo.

Orgulloso de los **logros** de sus hijos, papá Raúl se **comprometió** a premiarlos.

Los niños habían aprendido a sembrar hortalizas y flores. Ahora conocían los nombres de las plantas y les gustaba pasar horas en el jardín.

Virginia Piñón

El tiempo pasó. Los rosales dieron bellas rosas perfumadas, de colores brillantes. Los frutales dieron peras, duraznos, membrillos… ¡La huerta estaba hermosísima!

El jardín ya no era desprolijo, sino muy bello, tanto que los vecinos se acercaban todas las tardes para admirarlo. Algunos contrataron al señor Pérez para hacer la jardinería de sus casas.

Los niños se turnaban para regar los árboles y la huerta. Poroto, el perro, había aprendido a no embarrarse las patitas. Hacía equilibrio sobre un banco, mientras los miraba trabajar.

La familia Ibarra quiso recompensar la labor generosa de sus inquilinos. Como premio a tan bello jardín, bajaron la renta del señor y la señora Pérez a la mitad de su valor. La señora Ibarra iba todas las tardes a la huerta a buscar verduras frescas para sus comidas. Y todos en la gran casa disfrutaron del jardín en las tardes tibias de primavera.

## Haz conexiones

¿Qué talento usó el señor Pérez para ayudar a sus vecinos?
**PREGUNTA ESENCIAL**

¿Cuál es tu talento? ¿Cómo lo usas para ayudar? **EL TEXTO Y TÚ**

# Hacer y responder preguntas

Vuelve a leer el cuento "¡Una idea genial!" y piensa en una pregunta. Luego identifica los detalles importantes en el texto para responderla.

 ## Busca evidencias en el texto

Lee la página 277 y piensa en una pregunta. Después vuelve a leer para encontrar la respuesta.

### página 277

El matrimonio Ibarra vivía en la planta baja de una casa de tres pisos. Ellos eran los dueños, pero no estaban solos.

En el segundo piso vivían sus **inquilinos**. Rita, una nena de ocho años, y Silvio, su hermanito de diez. Rosa y Raúl eran sus papás. Y en el tercero, vivían el señor y la señora Pérez.

El **domicilio** tenía un jardín muy grande pero desprolijo y sin plantas, porque a los Ibarra no les gustaba la jardinería.

El señor Pérez estaba desocupado pues había perdido su trabajo. Tenía mucho tiempo libre y se aburría bastante.

Un día, su esposa le propuso:
—Ve a ver al señor Ibarra

y dile que tú puedes hacer un bello jardín en la casa. Allí la tierra es muy buena. Las plantas crecerán rápido. Él tendrá **confianza** en ti.

— ¡Iré hoy mismo a hablar con ellos! –respondió entusiasmado.

A la familia Ibarra le encantó la idea. Esa misma tarde, el señor Pérez tomó su carretilla, su pala y su rastrillo y, **pacientemente**, comenzó su trabajo.

Los niños del segundo piso, sorprendidos de ver al señor Pérez en el jardín, le preguntaron si podían contribuir.

— ¡Claro! Pidan permiso a sus padres y bajen al jardín.

*¿Por qué el señor Pérez ofreció embellecer el jardín? Leo que había perdido su trabajo, tenía tiempo libre y se aburría mucho. Estos detalles me ayudan a responder mi pregunta.*

## Tu turno

COLABORA

Vuelve a leer "¡Una idea genial!" y piensa en una pregunta. Por ejemplo, ¿por qué la familia Ibarra quiso recompensar al señor Pérez por su labor? Vuelve a leer para encontrar la respuesta.

# Punto de vista

El punto de vista del narrador es lo que piensa sobre los sucesos que ocurren en un cuento y los personajes. Busca detalles que muestran lo que piensa el narrador e identifica su punto de vista.

 **Busca evidencias en el texto**

*En el cuento, el señor Pérez está sin trabajo, pero se entusiasma con la idea de hacer algo productivo. Este detalle muestra que el narrador siente simpatía por él.*

| Detalles |
| --- |
| El señor Pérez, entusiasmado, habla con la familia Ibarra. |
| |
| |

Punto de vista

**Tu turno** COLABORA

Vuelve a leer "¡Una idea genial!". Busca más detalles que muestran lo que piensa el narrador y completa el organizador gráfico. ¿Cuál es el punto de vista del narrador? Compáralo con tu punto de vista.

*¡Conéctate!*
*Usa el organizador gráfico interactivo.*

# Ficción realista

El cuento "¡Una idea genial!" es una ficción realista.
Sabemos que es una ficción realista porque:

- Es una historia inventada que podría suceder en la realidad.
- Tiene diálogos e ilustraciones.
- Los personajes podrían existir en la vida real.

 **Busca evidencias en el texto**

*Puedo saber que "¡Una idea genial!" es una ficción realista porque los personajes hablan y actúan como personas reales. Los sucesos son inventados pero podrían suceder en la realidad.*

página 278

Los niños bajaron al jardín y se comprometieron a ayudar por las tardes, antes de cenar. Poroto, el perrito de los niños, también quería participar. Corría de acá para allá, **imprudente**, metiendo sus patitas en el barro.

— ¡Sal de ahí, Poroto **travieso**, o irás a tu perrera! —lo retó el señor Pérez.

Dos semanas después, ya habían desenterrado las hierbas malas y la tierra ya estaba lista para sembrarla.

Los tres plantaron rosales muy cerca de la casa. Para adornarla pusieron árboles de frutas, y enterraron semillas de lechugas, repollos, puerros y muchas verduras más.

La labor ya estaba casi terminada. Con la ayuda de los niños, el señor y la señora regaron las plantas con entusiasmo.

Orgulloso de los **logros** de sus hijos, papá Raúl se **comprometió** a premiarlos.

Los niños habían aprendido a sembrar hortalizas y flores. Ahora conocían los nombres de las plantas y les gustaba pasar horas en el jardín.

278

**Diálogo** Los diálogos muestran cómo se comunican los personajes.

**Ilustraciones** Las ilustraciones dan más información sobre los personajes y el ambiente.

 COLABORA

**Tu turno**

Busca dos ejemplos que muestren que "¡Una idea genial!" es una ficción realista. Coméntalo con tu compañero o compañera.

# Prefijos

El prefijo se agrega al principio de una palabra y cambia su significado. El prefijo *des-* significa "que no es". Los prefijos *im-* o *in-* también significan "negación", "opuesto a".

## Busca evidencias en el texto

*En la página 279 veo la palabra* desprolijo. *Está formada por el prefijo* des- . *Sé que* prolijo *significa "que está cuidado" y que el prefijo* des- *significa "no". La palabra* desprolijo *significa que "algo no está bien cuidado".*

El jardín ya no era desprolijo sino muy bello, tanto que los vecinos se acercaban todas las tardes para admirarlo.

## Tu turno

Usa los prefijos de cada palabra para descubrir su significado.

**desocupado,** *página 277*
**imprudente,** *página 278*
**desenterrado,** *página 278*

Comenta el significado de las palabras con un compañero o compañera.

Virginia Piñón

# De lectores...

Los escritores usan diálogos y descripciones para mostrar los pensamientos, sentimientos y acciones del personaje. Vuelve a leer esta parte de "¡Una idea genial!".

**Ejemplo modelo**

## Personajes

Lee el **diálogo** y la **descripción**. Fíjate en las palabras que usó el autor para crear los personajes.

—Ve a ver al señor Ibarra y dile que tú puedes hacer un bello jardín en la casa. Allí la tierra es muy buena. Las plantas crecerán rápido. Él tendrá confianza en ti.

— ¡Iré hoy mismo a hablar con ellos! —respondió entusiasmado.

A la familia Ibarra le encantó la idea. Esa misma tarde, el señor Pérez tomó su carretilla, su pala y su rastrillo y, pacientemente, comenzó su trabajo.

Los niños del segundo piso, sorprendidos de ver al señor Pérez en el jardín, le preguntaron si podían contribuir.

— ¡Claro! Pidan permiso a sus padres y bajen al jardín.

Virginia Piñón

# a escritores

Isabel escribió acerca de cómo ella y su hermana resolvieron un problema. Lee el texto y fíjate en las correcciones que hizo.

## Una buena idea

Mi hermana <u>s</u>usana y yo fuimos

al parque para leer "la cenicienta",

el libro que nos regalaron.

Entonces, empezó a llover⊙.

— ¡Oh, no! —le dije —. ¡Esto

quiere decir que no podremos leer

nuestro ~~L~~ibro!

Susana me abrazó y <sup>sonrió</sup> ~~sonríe~~.

—No te preocupes —dijo ella—,

podremos leerlo en casa.

---

### Marcas de corrección

- ≡ Mayúscula
- / Minúscula
- ⊙ Agregar punto
- ∧ Insertar
- ℐ Eliminar

### Manual de gramática

Página 472
**Verbo irregular "ir" en presente, pretérito y futuro**

### Tu turno

- ☑ Identifica un diálogo.
- ☑ Identifica el verbo ir en pretérito.
- ☑ Comenta cómo las correcciones mejoraron el texto.

**¡Conéctate!**
*Escribe en el rincón del escritor.*

## Pregunta esencial

**¿Cómo se adaptan los animales a su hábitat cuando hay obstáculos?**

¡Conéctate!

286

# Adaptarse a los obstáculos

El pelaje de este armiño es marrón y blanco en verano. En invierno, se vuelve blanco y se confunde con el suelo cubierto de nieve. Esta adaptación lo ayuda a escapar de sus depredadores.

► Los armiños también corren muy rápido y son buenos trepadores.

► Tienen un olfato excelente.

► La adaptación los ayuda a sobrevivir.

## Coméntalo

Comenta en pareja las distintas formas en que se adaptan los animales. Escribe tus ideas en la red.

Adaptación

(r) Arco Images GmbH/Alamy

# Vocabulario

**Mira las fotos y lee las oraciones para comentar
cada palabra con un compañero o una compañera.**

**alertar**

Los lobos aúllan para **alertar** a otros lobos cuando el peligro está cerca.

¿Cómo alertarías a alguien para evitar un peligro?

**ambiente**

El oso polar vive en un **ambiente** donde hay mucha nieve.

¿Cómo es el ambiente donde viven los elefantes?

**arbusto**

Armamos nuestra carpa cerca de unos **arbustos**.

¿Qué diferencia hay entre un arbusto y un árbol?

**competir**

Juan se preparó para **competir** y ganó la carrera.

¿En qué deportes te gusta competir?

### excelente

La **excelente** obra de arte de Lily ganó el primer premio.

*Menciona una situación en la que hayas hecho algo excelente.*

### preferir

Simon y sus amigos **prefieren** caminar a andar en bicicleta.

*¿Qué actividad prefieres tú?*

### proteger

El aroma de los zorrinos los **protege** de sus enemigos.

*¿Qué usas para protegerte del sol en verano?*

### relacionado

Josh y Jen están **relacionados** porque son miembros de la misma familia.

*Nombra dos animales que estén relacionados.*

## Tu turno

COLABORA

Elige tres palabras y escribe tres preguntas para tu compañero o compañera.

**¡Conéctate!** *Usa el glosario digital ilustrado.*

# LOBO GRIS, ZORRO ROJO

## Pregunta esencial

### ¿Cómo se adaptan los animales a su hábitat cuando hay obstáculos?

Lee cómo los lobos grises y los zorros rojos se adaptan a los obstáculos.

290

¿Viste alguna fotografía de un lobo o un zorro? Se parecen mucho a los perros. Los perros, los zorros y los lobos están **relacionados**. Son miembros de la misma familia. Si bien los lobos grises y los zorros rojos se parecen, en realidad, son diferentes en muchos sentidos.

## LA APARIENCIA ES IMPORTANTE

El lobo gris es miembro, o forma parte, de la familia de perros salvajes, y es el más grande de todos. Un lobo adulto tiene el tamaño de un perro grande. El zorro rojo es más pequeño y pesa menos. Ambos animales tienen un oído **excelente**. El zorro rojo puede oír hasta el ruido que hacen los animales pequeños bajo la tierra.

¡Y mira qué hermosa cola tienen! Tanto el lobo gris como el zorro rojo tienen la cola larga y tupida. La cola de los lobos puede llegar a medir más de 60 cm. La cola de los zorros no es tan larga, pero la punta es blanca y brillante. En invierno, los zorros usan su cola gruesa y tupida para **protegerse** del frío.

Tanto el lobo gris
como el zorro rojo
son mamíferos.

(bkgd) Darrell Gulin/Stone/Getty Images

Los zorros y los lobos tienen piel gruesa. Su pelaje es blanco, marrón o negro. Pero la mayoría de los zorros rojos tienen piel roja, mientras que los lobos grises tienen, en general, la piel de un color más gris y marrón.

## ¿DÓNDE ENCUENTRAN SU ALIMENTO?

### ¿DÓNDE VIVEN?

Estados Unidos

N O E S

**Referencias**
- Solo el zorro rojo
- Solo el lobo gris
- Ambos

Los lobos grises y los zorros rojos viven en hábitats diferentes. Viven en desiertos, bosques y praderas. Pero cada vez se construyen más carreteras y centros comerciales, por eso ambos animales están perdiendo sus hábitats. El zorro rojo se adaptó bien, o sea hizo algunos cambios para encajar en su nuevo **ambiente**. Hoy tiene su hábitat cerca de pueblos y parques. Los lobos, sin embargo, no se acercan a los pueblos ni a la gente.

Los zorros y los lobos no **compiten** por la comida. Tienen dietas diferentes. Los zorros rojos van de caza solos y comen animales pequeños, pájaros y pescado. También, buscan comida en cestos de basura y campamentos. Los lobos se mueven en jaurías, o grupos, para poder cazar animales grandes, como los alces o los ciervos.

**Los lobos grises prefieren vivir y cazar en jaurías.**

## DÍA A DÍA

Los lobos viven en jaurías de cuatro a siete miembros. Hacen casi todo juntos. Cazan, viajan y eligen sitios seguros para construir las guaridas que les servirán de refugio. Los zorros, por otra parte, **prefieren** vivir solos. Por lo general, duermen al aire libre, bajo los **arbustos** o buscan una madriguera para usarla de hogar.

El zorro rojo sale a cazar su comida solo.

Tanto los lobos como los zorros se comunican mediante ladridos y gruñidos. El lobo gris también aúlla para **alertar**, o advertir a otros lobos que el peligro está cerca. El zorro rojo utiliza señas distintas. Agita la cola en el aire para advertir a los demás zorros.

El lobo gris y el zorro rojo son miembros de la misma familia y tienen muchas cosas en común. Sin embargo, la realidad es que son dos animales muy distintos.

## ¿? Haz conexiones

¿Cómo se adaptaron el lobo gris y el zorro rojo a la vida en América del Norte? **PREGUNTA ESENCIAL**

¿Sobre qué animal te gustaría aprender más? ¿Por qué? **EL TEXTO Y TÚ**

(t) Alaska Stock/Alamy

# Volver a leer

Cuando leas, haz una pausa y reflexiona sobre lo que estás leyendo. ¿Hay datos e ideas nuevas? ¿Tienen sentido? Vuelve a leer para asegurarte de que lo entendiste.

## 🔍 Busca evidencias en el texto

¿Entiendes en qué se diferencian los zorros rojos de los lobos grises? Vuelve a leer "La apariencia es importante", en la página 291.

**página 291**

¿Viste alguna fotografía de un lobo o un zorro? Se parecen mucho a los perros. Los perros, los zorros y los lobos están **relacionados**. Son miembros de la misma familia. Si bien los lobos grises y los zorros rojos se parecen, en realidad, son diferentes en muchos sentidos.

### LA APARIENCIA ES IMPORTANTE

El lobo gris es miembro, o forma parte, de la familia de perros salvajes, y es el más grande de todos. Un lobo adulto tiene el tamaño de un perro grande. El zorro rojo es más pequeño y pesa menos. Ambos animales tienen un oído **excelente**. El zorro rojo puede oír hasta el ruido que hacen los animales pequeños bajo la tierra.

¡Y mira qué hermosa cola tienen! Tanto el lobo gris como el zorro rojo tienen la cola larga y tupida. La cola de los lobos puede llegar a medir más de 60 cm. La cola de los zorros no es tan larga, pero la punta es blanca y brillante. En invierno, los zorros usan su cola gruesa y tupida para **protegerse** del frío.

*Leo que los lobos grises son más grandes que los zorros rojos y que el color de su pelaje y su cola son diferentes.* Ahora comprendo en qué se diferencian los zorros rojos de los lobos grises.

COLABORA

## Tu turno

Vuelve a leer la página 291. Busca detalles que tienen en común los lobos grises y los zorros rojos.

# Comparar y contrastar

Cuando los autores comparan dos cosas, escriben sobre sus parecidos. Cuando contrastan, señalan las diferencias entre ambas. Los autores usan palabras como *ambos, parecido, mismo* o *diferente* para comparar y contrastar.

 **Busca evidencias en el texto**

*¿En qué se parecen y en qué se diferencian los zorros rojos y los lobos grises?*

Lobos | Ambos | Zorros

La cola de los lobos puede llegar a medir más de 60 cm.

Piel gruesa y cola larga y tupida.

La cola de los zorros tiene la punta blanca y brillante.

## Tu turno

COLABORA

Vuelve a leer "Lobo gris, zorro rojo". Busca detalles que muestran en qué se parecen y en qué se diferencian los zorros rojos y los lobos grises. Completa tu organizador gráfico. ¿Qué palabras te ayudaron?

**¡Conéctate!**
*Usa el organizador gráfico interactivo.*

# Texto expositivo

"Lobo gris, zorro rojo" es un texto expositivo.

### El **texto expositivo:**

- Tiene datos e información sobre un tema.
- Trata temas relacionados con la ciencia.
- Tiene mapas, fotografías y pies de foto.

## Busca evidencias en el texto

*Puedo saber que "Lobo gris, zorro rojo" es un texto expositivo porque explica en qué se parecen y en qué se diferencian los lobos grises de los zorros rojos. Tiene un mapa, fotografías y pies de foto.*

**página 292**

Los zorros y los lobos tienen piel gruesa. Su pelaje es blanco, marrón o negro. Pero la mayoría de los zorros rojos tienen piel roja, mientras que los lobos grises tienen, en general, la piel de un color más gris y marrón.

**¿DÓNDE ENCUENTRAN SU ALIMENTO?**

Los lobos grises y los zorros rojos viven en hábitats diferentes. Viven en desiertos, bosques y praderas. Pero cada vez se construyen más carreteras y centros comerciales, por eso ambos animales están perdiendo sus hábitats. El zorro rojo se adaptó bien, o sea hizo algunos cambios para encajar en su nuevo **ambiente**. Hoy tiene su hábitat cerca de pueblos y parques. Los lobos, sin embargo, no se acercan a los pueblos ni a la gente.

Los zorros y los lobos no **compiten** por la comida. Tienen dietas diferentes. Los zorros rojos van de caza solos y comen animales pequeños, pájaros y pescado. También, buscan comida en cestos de basura y campamentos. Los lobos se mueven en jaurías, o grupos, para poder cazar animales grandes, como los alces o los ciervos.

**¿DÓNDE VIVEN?**

Estados Unidos

Referencias
■ Solo el zorro rojo
▨ Solo el lobo gris
■ Ambos

Los lobos grises prefieren vivir y cazar en jaurías.

292

## Características del texto

**Mapa** Un mapa es el dibujo plano de un lugar. Tiene una explicación del significado de colores y de símbolos.

**Pies de foto** Explican una fotografía o una ilustración.

COLABORA

## Tu turno

Observa las características del texto en "Lobo gris, zorro rojo". Comenta en pareja lo que aprendiste.

296

# Claves en una oración

Las claves en las oraciones son palabras o frases que te ayudan a entender el significado de una palabra que no conoces. A veces, las claves definen exactamente lo que significa una palabra.

## Busca evidencias en el texto

*En la página 291, no entiendo lo que significa la palabra* miembro. *Veo las palabras "forma parte" en la misma oración. Esta pista me indica que la palabra* miembro *significa "una parte de algo".*

El lobo gris es miembro, o forma parte, de la familia de perros salvajes, y es el más grande de todos.

## Tu turno

Busca claves de contexto para descubrir el significado de estas palabras.
   **adaptó,** *página 292*
   **jaurías,** *página 292*
Comenta qué claves en las oraciones te ayudaron a descubrir sus significados.

# CCSS Elementos de escritura · Organización

# De lectores...

Para escribir un principio interesante hay que pensar en un dato atractivo para atraer la atención del lector. Una pregunta también hace que el lector quiera seguir leyendo.

**Ejemplo modelo**

## Un principio interesante

¿Por qué las primeras líneas te dan ganas de seguir leyendo?

¿Viste alguna fotografía de un lobo o un zorro? Se parecen mucho a los perros. Los perros, los zorros y los lobos están relacionados. Son miembros de la misma familia. Si bien los lobos grises y los zorros rojos se parecen, en realidad, son diferentes en muchos sentidos.

# a escritores

Nadia escribió sobre cómo se adapta su animal favorito. Lee las correcciones de Nadia.

## Los lagartos más grandes del mundo

¿Sabías que <sup>de verdad</sup> existen los

dragones? El "dragón de Komodo"

es un lagarto. Los dragones de

Komodo <sup>son</sup> es los lagartos más

grandes del mundo. Son los mejores

cazadores. estos dragones tienen

dientes muy filosos? Hoy voy a ir al

zoológico a ver uno.

### Marcas de corrección

≡ Mayúscula
/ Minúscula
⊙ Agregar punto
∧ Insertar
⌐ Eliminar

### Manual de gramática

Página 472
**Verbos irregulares ser y estar.**

## Tu turno

COLABORA

☑ Identifica el principio interesante.
☑ Identifica el verbo *ser* en presente.
☑ Comenta cómo las correcciones mejoraron el texto.

**¡Conéctate!**
*Escribe en el rincón del escritor.*

**Pregunta esencial**
## ¿Cómo podemos volar?

¡Conéctate!

Unimedia Images/Unimedia International/Newscom

300

# MUY ALTO Y MUY LEJOS

La gente siempre ha querido volar. Gracias a muchos inventores existen muchas maneras de hacerlo.

▶ La gente puede viajar en aviones chicos, en avión de pasajeros o hasta en globos aerostáticos coloridos.

▶ Los helicópteros son para transportar grupos pequeños.

▶ Y hay aventureros que vuelan solos a gran altura.

## Coméntalo

Escribe palabras relacionadas con volar. Comenta cómo aprendieron a volar las personas.

Volar

# Vocabulario

**Mira las fotos y lee las oraciones para comentar cada palabra con un compañero o una compañera.**

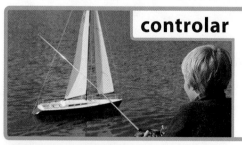

**controlar**

Tom **controlaba** los movimientos de su barco de juguete desde la orilla.

¿Hay algo que sepas controlar en tu casa?

**despegue**

Es emocionante ver el **despegue** de un transbordador espacial.

¿Qué cosas también pueden despegar?

**ingenio**

José tiene mucho **ingenio** para inventar juegos divertidos.

¿Qué más puedes inventar, usando tu ingenio?

**movimiento**

Julia disfruta el **movimiento** de la hamaca.

¿Qué tipos de movimiento te gustan?

## pasajero

A Denise le gusta viajar como **pasajera** en el auto.

¿Cuándo fue la última vez que viajaste como pasajero?

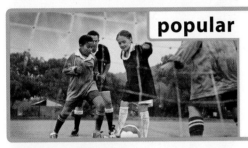

## popular

El fútbol es el deporte más **popular** en nuestra escuela.

Comenta sobre algún deporte que sea popular en tu escuela.

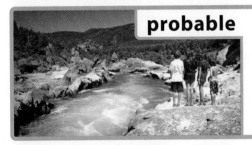

## probable

Es **probable** que el puente para cruzar este río esté más adelante.

¿Crees que es probable que un gato hable?

## vuelo

El primer **vuelo** que hizo un avión fue hace muchos años.

¿Te aburrirías en un vuelo de 12 horas?

## Tu turno

COLABORA

Elige tres palabras y escribe tres preguntas para tu compañero o compañera.

**¡Conéctate!** *Usa el glosario digital ilustrado.*

# Los primeros en volar

## ¿? Pregunta esencial

### ¿Cómo podemos volar?

Lee y descubre cómo los inventores aprendieron a volar.

Transtock/SuperStock

El 17 de diciembre de 1903, la máquina Wright Flyer voló durante 12 segundos en Kitty Hawk.

**O**rville y Wilbur Wright visitaron una playa fría y ventosa de Kitty Hawk, Carolina del Norte. Los hermanos hicieron un largo viaje desde Dayton, Ohio, para probar su nueva máquina voladora en ese lugar. Volar siempre había sido su sueño desde que su padre les había regalado un helicóptero de juguete.

Los hermanos Wright tenían una tienda de bicicletas en Dayton. Además de vender, fabricar y reparar bicicletas, construían máquinas voladoras. La primera vez que volaron fue en 1899. Sin embargo, los vientos no eran lo suficientemente fuertes como para que la máquina se mantuviera en **movimiento**. Entonces, buscaron un lugar donde el viento soplara más fuerte. Por eso, eligieron Kitty Hawk. Era un lugar ventoso y las playas arenosas favorecían un aterrizaje suave.

Orville y Wilbur Wright

Su primer **vuelo** no tuvo éxito, pero esto les sirvió como experiencia y aprendieron muchas cosas relacionadas con el vuelo. Como consecuencia, en el año 1900, construyeron un mejor planeador, con alas más grandes. Este planeador tampoco funcionó muy bien, pero los hermanos no se dieron por vencidos. Experimentaron con un nuevo planeador en 1902. Luego, en 1903, construyeron el *Wright Flyer,* su primer avión con motor.

## Los primeros en volar

El 17 de diciembre, los hermanos probaron el *Wright Flyer.* Orville puso en marcha los motores para darle potencia. Él **controlaba** el avión mientras Wilbur observaba el **despegue**. El avión se movió en dirección ascendente, y el vuelo duró doce segundos. Los hermanos Wright conquistaron la gravedad con **ingenio** . Ellos descubrieron el secreto de volar y continuaron mejorando sus aviones. Después, otras personas también intentaron

**Alberto Santos-Dumont fue el tercer hombre en el mundo en pilotear un avión a motor.**

## ¿Volará?

Haz un experimento relacionado con el vuelo usando aviones de papel.

**Materiales que necesitas:**
• lápiz • papel • regla

**Instrucciones:**

1. En pareja, hagan dos aviones de papel. Construyan las alas de cada avión de un tamaño diferente.

2. Suavemente, lancen uno de los aviones.

3. Midan y registren la distancia que voló el avión.

4. Túrnense para lanzar el avión cuatro veces más. Midan y registren la distancia recorrida cada vez.

5. Repitan el experimento con el otro avión.

6. Comparen los vuelos de los aviones. Luego, comenten lo que aprendieron.

pilotear aviones: Alberto Santos-Dumont fue un inventor y piloto brasilero. En 1906, realizó el primer vuelo oficial en público. Al año siguiente, el piloto francés Henri Farman, llevó un **pasajero** en su avión. Volaron durante un minuto y catorce segundos.

## Mejores máquinas voladoras

Gracias a estos vuelos, la investigación relacionada con los aviones se volvió **popular** entre los inventores. Poco tiempo después, aparecieron aviones que recorrían distancias mayores. En 1909, un piloto francés cruzó el Canal de la Mancha. Este nuevo avión era muy diferente del de los hermanos Wright. Sólo tenía un ala larga que atravesaba el cuerpo de la nave. Era muy parecido a los aviones de la actualidad.

Así es como lucía un avión en 1930.

Poco tiempo después, los inventores construyeron aviones que transportaban más personas. En 1920, aparecieron compañías que ofrecían la oportunidad de volar a pasajeros. Los hombres habían logrado algo que no parecía **probable**. Habían descubierto cómo volar.

## ¿? Haz conexiones

¿Cómo contribuyeron los hermanos Wright a la ciencia de volar? **PREGUNTA ESENCIAL**

Comenta lo que sabes sobre los aviones. ¿Alguna vez has volado? **EL TEXTO Y TÚ**

(b) Stockdisc/Getty Images (t) Everett Collection/SuperStock

# Volver a leer

Haz una pausa y piensa en lo que has leído. ¿Tiene sentido el texto? Vuelve a leer para asegurarte de que lo entendiste.

## Busca evidencias en el texto

¿Comprendes qué aprendieron los hermanos Wright del fracaso de los vuelos? Vuelve a leer la página 306.

---

**página 306**

Su primer **vuelo** no tuvo éxito, pero esto les sirvió como experiencia y aprendieron muchas cosas relacionadas con el vuelo. Como consecuencia, en el año 1900, construyeron un mejor planeador, con alas más grandes. Este planeador tampoco funcionó muy bien, pero los hermanos no se dieron por vencidos. Experimentaron con un nuevo planeador en 1902. Luego, en 1903, construyeron el *Wright Flyer*, su primer avión con motor.

**Los primeros en volar**

El 17 de diciembre, los hermanos probaron el *Wright Flyer*. Orville puso en marcha los motores para darle potencia. Él **controlaba** el avión mientras Wilbur observaba el **despegue**. El avión se movió en

---

*Leo que el primer vuelo de los hermanos Wright no tuvo éxito. Sin embargo, aprendieron mucho sobre cómo volar. Construyeron un planeador mejor, con alas más grandes.*

Ahora entiendo por qué estos fracasos fueron importantes.

---

## Tu turno

¿Cómo usaron los demás inventores las ideas de los hermanos Wright? Vuelve a leer las páginas 306 y 307.

# Causa y efecto

Una causa es la razón por la que sucede algo. El efecto es la consecuencia. Los hechos suceden en un orden cronológico. Las palabras de enlace *entonces, como consecuencia* y *a causa de*, te ayudan a encontrar la causa y el efecto en un texto o cuento.

 ## Busca evidencias en el texto

*En la página 305, leí que los Wright tuvieron que buscar un lugar más ventoso para volar. Este es el efecto. Ahora, puedo encontrar la causa. El viento no era lo suficientemente fuerte. La palabra* entonces *me ayudó a encontrar la causa y el efecto.*

| Causa | Efecto |
|---|---|
| Primero<br>Los vientos no eran lo suficientemente fuertes. | Entonces, los hermanos buscaron un lugar donde el viento soplara más fuerte. |
| Después | |
| Luego | |
| Al final | |

## Tu turno

COLABORA

Vuelve a leer la selección. Busca palabras de enlace para encontrar causa y efecto. Escríbelas en orden cronológico. Completa el organizador gráfico.

*¡Conéctate!* Usa el organizador gráfico interactivo.

# Texto expositivo

"Los primeros en volar" es un texto expositivo. El **texto expositivo:**

- Presenta las causas y sus efectos en secuencia.
- Explica temas relacionados con la ciencia.
- Tiene títulos, fotografías o notas al margen.

## Busca evidencias en el texto

*Puedo saber que "Los primeros en volar" es un texto expositivo. Hay datos e información sobre cómo la gente comenzó a volar. También tiene títulos, fotografías con pies de foto y una nota al margen.*

**página 306**

Su primer **vuelo** no tuvo éxito, pero esto les sirvió como experiencia y aprendieron muchas cosas relacionadas con el vuelo. Como consecuencia, en el año 1900, construyeron un mejor planeador, con alas más grandes. Este planeador tampoco funcionó muy bien, pero los hermanos no se dieron por vencidos. Experimentaron con un nuevo planeador en 1902. Luego, en 1903, construyeron el *Wright Flyer,* su primer avión con motor.

**Los primeros en volar**

El 17 de diciembre, los hermanos probaron el *Wright Flyer.* Orville puso en marcha los motores para darle potencia. Él **controlaba** el avión mientras Wilbur observaba el **despegue**. El avión se movió en dirección ascendente, y el vuelo duró doce segundos. Los hermanos Wright conquistaron la gravedad con **ingenio** . Ellos descubrieron el secreto de volar y continuaron mejorando sus aviones. Después, otras personas también intentaron

Alberto Santos-Dumont fue el tercer hombre en el mundo en pilotear un avión a motor.

**¿Volará?**

Haz un experimento relacionado con el vuelo usando aviones de papel.

Materiales que necesitas:
• lápiz • papel • regla

Instrucciones:
1. En pareja, hagan dos aviones de papel. Construyan las alas de cada avión de un tamaño diferente.
2. Suavemente, lancen uno de los aviones.
3. Midan y registren la distancia que voló el avión.
4. Túrnense para lanzar el avión cuatro veces más. Midan y registren la distancia recorrida cada vez.
5. Repitan el experimento con el otro avión.
6. Comparen los vuelos de los aviones. Luego, comenten lo que aprendieron.

306

## Características del texto

**Nota al margen** Las notas al margen dan más información sobre un tema. A veces, contienen un experimento científico o instrucciones para hacer algo.

COLABORA

# Tu turno

Observa las características del texto en la selección. Comenta en pareja lo que aprendiste.

# Palabras con significados múltiples

Son palabras con más de un significado. Vuelve a leer la oración para intentar descubrir el significado prestando atención al contexto.

### Busca evidencias en el texto

*En la página 305 veo la palabra* sueño, *que puede significar "ganas de dormir" o "deseo de lograr algo improbable". La clave de contexto "desde que su padre les había regalado" me ayuda a descubrir que* sueño *significa "un deseo profundo de conseguir algo improbable".*

Desde que su padre les había regalado un helicóptero de juguete, volar era su sueño.

### Tu turno

Busca claves de contexto. Úsalas para comprender el significado de estas palabras.

**segundos,** *página 306*

**volar,** *página 307*

# De lectores...

En un buen final se puede repetir la idea principal y resumir los puntos importantes del texto. Esto ayuda al lector a comprender el propósito del autor.

## Buen final

Identifica el **final.** ¿Cómo vuelve a exponer la idea principal?

**Ejemplo modelo**

Poco tiempo después, los inventores construyeron aviones que transportaban más personas. En 1920, aparecieron compañías que ofrecían la oportunidad de volar a pasajeros. Los hombres habían logrado algo que no parecía probable. Habían descubierto cómo volar.

# a escritores

Marcos escribió sobre su máquina voladora favorita. Lee las correcciones que hizo Marcos.

**Marcas de corrección**

≡ Mayúscula
/ Minúscula
⊙ Agregar punto
∧ Insertar
⌒ Eliminar

**Manual de gramática**

Página 472

**Los verbos irregulares tener y saber**

**Ejemplo del estudiante**

## La mejor máquina voladora

—¿Cuál es tu máquina voladora

preferida? —preguntó papá.

—¡es la cometa! —respondí—.

Cuando ~~tendré en~~ el aire, me siento
       vuela  por

feliz Es divertido correr y ver cómo

se eleva el ~~Aire~~ me encanta cuando
          en

la tengo y veo cómo se agita

su cola con el viento.

¡Por eso la cometa~~s~~ es mi

preferida!

## Tu turno

☑ Identifica el buen final.
☑ Identifica el verbo *tener* en presente.
☑ Comenta cómo las correcciones mejoraron el texto.

*¡Conéctate!*
*Escribe en el rincón del escritor.*

**¿? Pregunta esencial**
**¿Qué nos inspira?**

*¡Conéctate!*

# Tú me inspiras

Danny conversa con los bomberos de su barrio para aprender todo sobre ellos. Danny piensa que son héroes por su valentía y por eso él también quiere ser bombero.

▶ La gente valiente y servicial nos inspira.

▶ Cuando nos sentimos inspirados queremos ayudar a los demás.

## Coméntalo

Habla en pareja sobre cómo nos inspiran los demás. Escribe palabras relacionadas con la inspiración.

Inspiración

# Vocabulario

**Mira las fotos y lee las oraciones para comentar cada palabra con un compañero o una compañera.**

**reposo**

Después de una semana de trabajo, mi madre necesita **reposo**.

Si el médico te indica reposo, ¿qué debes hacer?

**sencillo**

Las cosas **sencillas**, como las plantas del desierto, pueden ser muy bellas.

¿Conoces una palabra que significa lo opuesto a sencillo?

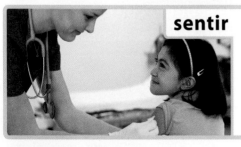

**sentir**

No **siento** tanto dolor cuando me dan una vacuna.

¿Tú qué sientes cuando te vacunan?

**sereno**

Los niños pueden nadar en el mar **sereno** porque no tiene olas grandes.

¿Alguna vez has nadado en un mar sereno?

# Términos de poesía

## verso libre

Cuando escribimos versos libres, no puede haber rima.

Explica por qué "Me gusta" es o no es un poema de verso libre.

## poema narrativo

Escribimos un poema narrativo sobre la historia de la aviación.

¿Qué clase de historias son buenas para crear un poema narrativo?

## repetición

Cuando en un poema se usa la misma palabra varias veces se llama repetición.

¿Por qué los poetas usan la repetición?

## rima

Las palabras *gato* y *pato* riman porque terminan con el mismo sonido.

¿Por qué los poetas usan palabras que riman?

## Tu turno

COLABORA

Elige tres palabras y escribe tres preguntas para tu compañero o compañera.

*¡Conéctate!* **Usa el glosario digital ilustrado.**

# Me gusta

Me gusta vivir...
Con el aire fresco en la cara
y con tus risas detrás de mí.

Me gusta ver...
la luna llena en la noche
y el sol al atardecer.

Me gusta oler...
el aire de la rosa y la tierra
mojada después de llover.

## Pregunta esencial

**¿Qué nos inspira?**

En este poema, el autor saca
inspiración de muchas cosas.

Me gusta oír...
la música que nace de sus manos
y los grillos en verano cantar: cri-cri, cri-cri.

Me gusta comer...
buñuelos calientes
y chocolate con pastel.

Me gusta tocar...
arena en la playa,
y mi gato al ronronear.

Me gusta dormir...
acurrucado bajo las estrellas
y con mi cara cerca de ti.

Noemi Villamuza

Me gusta soñar...
que ayer era un indio en la pradera,
y mañana un pirata en el mar.

Me gusta jugar...
con la muñeca, con la peonza,
y con una vara un castillo conquistar.

Me gusta plantar...
una flor aquí, un árbol allá,
en cualquier lugar.

Me gusta pintar...
colores en el aire,
y juguetes en sus manos sin hogar.

Me gusta imaginar...
que la sangre no mancha la tierra,
y que amigos somos bajo la Estrella Polar.

Me gusta escuchar...
este pequeño cuento
que te acabo de contar.

*Javier Sobrino*

### ¿? Haz conexiones

¿Qué inspira al autor de este poema?
**PREGUNTA ESENCIAL**

De todas las cosas que describe el autor,
¿qué es lo que te inspira a ti? **EL TEXTO Y TÚ**

# Poema narrativo y verso libre

Poema **narrativo**: • Cuenta una historia. • A menudo tiene estrofas, o grupos de versos. • A veces tiene rima.
**Verso libre**: • No tiene rima. • A veces cuenta una historia y otras, expresa los sentimientos del poeta.

 ### Busca evidencias en el texto

*Creo que "Me gusta" es un poema narrativo porque expresa los sentimientos del poeta y cuenta un pequeño cuento. No es verso libre porque tiene rima.*

**página 319**

Me gusta oír...
la música que nace de sus manos
y los grillos en verano cantar: cri-cri, cri-cri.

Me gusta comer...
buñuelos calientes
y chocolate con pastel.

Me gusta tocar...
arena en la playa,
y mi gato al ronronear.

Me gusta dormir...
acurrucado bajo las estrellas
y con mi cara cerca de ti.

*"Me gusta" es un poema narrativo porque tiene estrofas que riman y cuenta una pequeña historia.*

COLABORA

## Tu turno

Vuelve a leer "Me gusta". Explica por qué es un poema narrativo.

Noemí Villamuza

# Tema

El tema es el mensaje principal o la enseñanza que deja el poema. Los detalles te ayudan a determinar el tema.

## Busca evidencias en el texto

Los poemas de esta semana hablan de la inspiración pero cuentan diferentes historias. El autor de "Me gusta" nos cuenta lo que lo inspira.

**Detalle**

Me gusta vivir, ver, oler, oír, comer, tocar, dormir.

**Detalle**

**Detalle**

**Tema**

Las pequeñas y grandes cosas que llenan el alma y nos hacen felices.

**Tu turno**  COLABORA

Vuelve a leer "Me gusta". Busca más detalles que apoyen el tema y escríbelos en tu organizador gráfico.

*¡Conéctate!*
*Usa el organizador gráfico interactivo.*

# Repetición y rima

Hay **repetición** en un poema cuando se repiten palabras o frases. Hay **rima** cuando dos o más palabras terminan con el mismo sonido, por ejemplo, *cantaba y jugaba.*

## Busca evidencias en el texto

Vuelve a leer el poema en voz alta. Busca las palabras o frases que se repiten. Piensa por qué el poeta usó la repetición.

página 318

Me gusta ver...
la luna llena en la noche
y el sol al atardecer

Me gusta oler...
el aire de la rosa y la tierra
mojada después de llover.

*En estas estrofas el poeta repite las palabras* me gusta. *Las palabras* ver *y* oler, *riman. La repetición le da al poema un ritmo musical. Me ayuda a entender cómo impacta sobre sus sentidos el contacto con la naturaleza.*

## Tu turno

COLABORA

Vuelve a leer "Me gusta". Encuentra otros ejemplos de rima.

Noemí Villamuza

# Metáfora

Una metáfora compara dos cosas muy distintas sin usar la palabra *como*. Te ayuda a imaginar y a visualizar. *Sus dientes eran perlas blancas* es una metáfora porque compara los dientes con perlas. Esta metáfora me ayuda a imaginar unos dientes blancos y bellos.

 **Busca evidencias en el texto**

A veces los poetas comparan dos cosas y nombran solo una. En la página 321, leo *Me gusta pintar… juguetes en sus manos sin hogar*. Esta es una metáfora porque, sin nombrar a los niños que no tienen familia, los compara con manos sin hogar. Esta metáfora me ayuda a imaginar a esos niños.

> Me gusta pintar...
> colores en el aire,
> y juguetes en sus manos sin hogar.

## Tu turno

Vuelve a leer el poema "Me gusta". Encuentra otra metáfora. ¿Qué cosas compara? ¿Qué te ayuda a visualizar?

# De lectores...

Los escritores usan palabras expresivas para describir sensaciones y lograr que sus textos sean más interesantes y claros. Una sola palabra expresiva puede reemplazar una explicación larga. Vuelve a leer esta parte del poema.

## Palabras expresivas

Identifica palabras expresivas. ¿Cómo te ayudan a visualizar la forma en que se oyen estos sonidos?

**Ejemplo modelo**

**Me gusta oír... la música que nace de sus manos
y los grillos en verano cantar: cri-cri, cri-cri.**

**Me gusta comer... buñuelos calientes y chocolate con pastel.**

**Me gusta tocar... arena en la playa, y mi gato al ronronear.**

# a escritores

Ana escribió un poema sobre alguien que la inspira. Lee el poema y fíjate en sus correcciones.

## Marcas de corrección

⚏ Mayúscula

⩒ Insertar raya de diálogo

⊙ Agregar punto

∧ Insertar

ℐ Eliminar

### Manual de gramática

Página 472
**El verbo auxiliar haber**

**Ejemplo del estudiante**

## Mi abuelo

pausadamente
Ahora camina ~~muy tranquilo~~ y con
∧

mucho cuidado.

⊙
sus ojos le brillan cuando me ve
≡                                    ∧

Me dice:
⩒
    ¿Cómo está la flor más linda de

este jardín?

h
Siempre e admirado a mi abuelo.
       ∧

Ana

## Tu turno

☑ Identifica palabras expresivas.
☑ Identifica el verbo haber en pretérito imperfecto.
☑ Comenta cómo las correcciones mejoraron el cuento.

**¡Conéctate!**
*Escribe en el rincón del escritor.*

¡Manos
a la obra!

La gran idea

¿Cómo ponemos
manos a la obra?

# Lavando nubes

El viento está lavando nubes.
Toma una nube negra,
la empapa en lluvia,
la retuerce enseguida,
la golpea contra el molino,
nos moja el campo,
lava el cielo,
y sale la nube blanca,
de negra que era,
para ir a colgarse
en el hilo del horizonte
a secarse.

*Alfredo Mario Ferreiro*

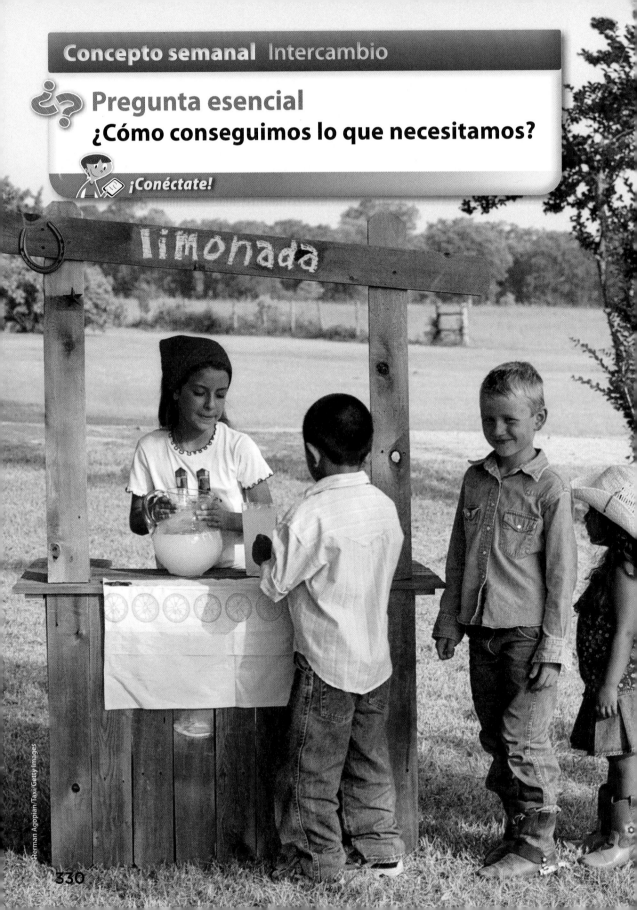

## Pregunta esencial

### ¿Cómo conseguimos lo que necesitamos?

¡Conéctate!

limonada

# Dar y recibir

Los niños tienen sed y quieren un vaso de la limonada que está vendiendo Susana. Ellos esperan en fila para obtener lo que quieren y necesitan. Pagan la limonada de diferentes formas.

▶ Algunos pagarán con dinero.

▶ Otros harán un trueque o intercambio.

▶ Susana también recibe lo que necesita. Ella quiere ahorrar dinero para comprar una nueva bicicleta.

## Coméntalo

Escribe cuatro palabras que indiquen cómo puedes obtener lo que necesitas. Comenta en pareja las distintas maneras en que puedes obtener las cosas que necesitas o deseas.

Obtener lo que necesitas

# Vocabulario

**Mira las fotos y lee las oraciones para comentar cada palabra con un compañero o una compañera.**

**congelar**

En invierno, el agua del lago se **congela**.

¿Dónde congelas los alimentos?

**granero**

Después de la cosecha, el cereal se guarda en un **granero**.

¿Dónde hay graneros: en el campo o en las ciudades? ¿Por qué?

**hacendoso**

Como mi abuelo es muy **hacendoso**, su casa está siempre bien pintada.

¿Qué hacen las personas hacendosas?

**huerto**

Marta cultiva tomates en su **huerto**.

¿Qué otras cosas se pueden cultivar en un huerto?

### labranza

La **labranza** de los campos es una tarea sacrificada.

¿Conoces alguna herramienta que se use para la labranza?

### pago

Mamá compró el jarrón de nuestro vecino y realizó un solo **pago**.

¿Qué utilizamos para realizar un pago?

### simiente

La **simiente** necesita agua para germinar.

¿Qué otras cosas necesita la simiente para germinar?

### trueque

Amy hace un **trueque**. Ella intercambia una manzana por un dulce con Kim.

¿Conoces una palabra que significa casi lo mismo que trueque?

## Tu turno

COLABORA

Elige tres palabras y escribe tres preguntas para tu compañero o compañera.

**¡Conéctate!** *Usa el glosario digital ilustrado.*

# Gracias a la amistad

*Sebastián Olaso*

## ⁇ Pregunta esencial

**¿Cómo conseguimos lo que necesitamos?**

Lee y descubre cómo dos niños consiguieron
lo que sus pueblos necesitaban.

Dos niños se encuentran en la playa de una isla tropical. En la orilla se ven los restos de una embarcación en muy mal estado. Al fondo se ven un huerto y un **granero**.

*(Al abrirse el telón, un niño esquimal se baja de la embarcación y camina por la playa. Está vestido como si estuviera en el polo. Se agita las ropas porque tiene muchísimo calor).*

**El niño esquimal:** *(resopla).* ¡Estas pieles abrigan demasiado! ¿Por qué no me di cuenta antes?

*(Un niño tropical, vestido con ropas de verano y una vincha colorida, se acerca corriendo).*

**El niño tropical:** ¡Oye, tú! ¿Te has perdido? ¿Por qué estás vestido así?

**El niño esquimal:** *(se da vuelta sorprendido).* Creo que sí me he perdido. Nunca había visto un lugar como este. Tengo mucho calor con estas pieles.

**El niño tropical:** ¿De dónde vienes? *(Se interrumpe, mira bien al niño esquimal y vuelve a hablar).* Supongo que no vienes a hacer guerra. ¿Vienes a visitarnos?

**El niño esquimal:** *(afirma con la cabeza).* No era mi intención llegar hasta aquí. No quiero molestar.

335

**El niño tropical:** Está bien. Entonces, considerando que te has perdido y que eres amigo, ¿puedo ayudarte en algo? Mis padres siempre dicen que soy muy **hacendoso**.

**El niño esquimal:** *(se toca las pieles que lo cubren).* ¿Tienes alguna piel menos abrigada para ofrecerme? Y, disculpa, pero ¿no tienes miedo de **congelarte** tan desabrigado?

**El niño tropical:** *(se golpea el pecho con valentía).* No. Yo no le tengo miedo a nada. Tampoco tengo pieles. Pero si tienes hambre, puedo ofrecerte algo fresco para comer. Allí tenemos el **huerto** *(señala hacia el huerto).*

**El niño esquimal:** *(mira hacia el huerto con extrañeza).* ¿Para qué sirve un huerto?

**El niño tropical:** *(con seguridad).* El huerto es donde crecen las hortalizas. Las hortalizas es lo que nos alimenta.

**El niño esquimal:** *(confundido).* Entonces, ¿aquí hace calor? ¿No es que mi piel es muy…?

**El niño tropical:** *(sonríe).* Esto es el trópico, amigo.

**El niño esquimal:** *(mira a su alrededor y finalmente comprende).* ¡Con razón! ¡Es que la tormenta me ha hecho perder el rumbo!

**El niño tropical:** Ven, vamos al granero. Te voy a enseñar lo que produce la **simiente**. Y ahí tenemos algunas cosas preparadas para comer.

**El niño esquimal:** *(se le ocurre una idea y habla con entusiasmo).* Nosotros vivimos de la pesca, también tenemos mucho hielo para ofrecer. Pero allí, en mi tierra, la gente no quiere tanto hielo. Me gustaría probar las hortalizas de las que hablas.

*(Los niños van hacia el granero y allí el niño esquimal prueba unas galletas y unas frutas frescas. Se queda encantado).*

**El niño tropical:** *(también con entusiasmo).* ¿Qué es el hielo?

**El niño esquimal:** El hielo es cuando el agua se pone dura porque está muy fría.

**El niño tropical:** Me gustaría probarlo. Ustedes nos podrían vender un poco de hielo, y nosotros, que somos expertos en **labranza**, podríamos acordar el **pago** con frutas, hortalizas y verduras.

**El niño esquimal:** *(con más entusiasmo).* ¡Eso sería un **trueque**! ¡Sería fantástico! ¡Nuestra vida mejorará mucho con el intercambio!

**El niño tropical y el niño esquimal:** ¡Nuestros pueblos progresarán gracias a que nos hemos conocido!

**El niño tropical:** Y todo esto gracias a la tormenta que te trajo hasta aquí, por equivocación.

*(Se cierra el telón).*

## ¿❓ Haz conexiones

¿Cómo hicieron los niños para conseguir lo que cada uno necesitaba? **PREGUNTA ESENCIAL**

Nombra distintas maneras de conseguir lo que necesitas. **EL TEXTO Y TÚ**

Luis Fernández

# Resumir

Para resumir un cuento, tienes que encontrar los sucesos más importantes y contarlos con tus propias palabras. Identifica los sucesos para resumir "Gracias a la amistad".

## Busca evidencias en el texto

Mira la página 336. ¿Cómo se conocieron los niños? Identifica los detalles clave y luego resume la obra con tus propias palabras.

---

**página 336**

**El niño tropical** Está bien. Entonces, considerando que te has perdido y que eres amigo, ¿puedo ayudarte en algo? Mis padres siempre dicen que soy muy **hacendoso.**

**El niño esquimal** *(se toca las pieles que lo cubren).* ¿Tienes alguna piel menos abrigada para ofrecerme? Y, disculpa, pero ¿no tienes miedo de **congelarte** tan desabrigado?

**El niño tropical** *(se golpea el pecho con valentía).* No. Yo no le tengo miedo a nada. Tampoco tengo pieles. Pero si tienes hambre, puedo ofrecerte algo fresco para comer. Allí tenemos el **huerto**... *(señala hacia el huerto).*

**El niño esquimal** *(mira hacia el huerto con extrañeza).* ¿Para qué sirve un huerto?

**El niño tropical** *(con seguridad).* El huerto es donde crecen las hortalizas. Las hortalizas es lo que nos alimenta.

**El niño esquimal** *(confundido).* Entonces, ¿aquí hace calor? ¿No es que mi piel es muy...?

**El niño tropical** *(sonríe).* Esto es el trópico, amigo.

**El niño esquimal** *(mira a su alrededor y finalmente comprende).* ¡Con razón! ¡Es que la tormenta me ha hecho perder el rumbo!

**El niño tropical** Ven, vamos al granero. Te voy a enseñar lo que produce la **simiente.** Y ahí tenemos algunas cosas preparadas para comer.

**El niño esquimal** *(se le ocurre una idea y habla con entusiasmo).* Nosotros vivimos de la pesca, también tenemos mucho hielo para ofrecer. Pero allí, en mi tierra, la gente no quiere tanto hielo. Me gustaría probar las hortalizas de las que hablas.

*(Los niños van hacia el granero y allí el niño esquimal prueba unas galletas y unas frutas frescas. Se queda encantado).*

---

Leí que *el niño tropical encuentra al niño esquimal y le ofrece ayuda.* Juntos se dan cuenta de que en la tierra de cada uno hay cosas que el otro necesita. Estos detalles me ayudan a resumir.

COLABORA

## Tu turno

Vuelve a leer "Gracias a la amistad". Resume los sucesos más importantes y cuenta cómo termina el encuentro entre los dos niños.

# Punto de vista

Los personajes de un cuento tienen opiniones sobre los sucesos y otros personajes. Este es su punto de vista. Presta atención a las acciones y las palabras de un personaje para entender su punto de vista.

## Busca evidencias en el texto

*¿Cuáles son los sentimientos del niño tropical con respecto al niño esquimal? Volveré a leer para ver lo que dice y hace. Estos detalles me ayudarán a identificar el punto de vista del niño tropical.*

| Detalles |
|---|
| El niño tropical lo considera un amigo. |
| Le ofrece ayuda y comida. |
| |

↓

| Punto de vista |
|---|
| |

**Tu turno**

Vuelve a leer "Gracias a la amistad". Busca otros detalles del punto de vista del personaje y escríbelos en el organizador. ¿Estás de acuerdo con el punto de vista del niño tropical?

***¡Conéctate!***
*Usa el organizador gráfico interactivo.*

# Obra de teatro

"Gracias a la amistad" es una **obra de teatro** porque:

- Puede ser actuada sobre un escenario.
- Tiene personajes que dialogan.
- Tiene acotaciones que indican a los personajes cómo actuar.

 **Busca evidencias en el texto**

*Sé que "Gracias a la amistad" es una obra de teatro porque el niño tropical y el niño esquimal dialogan en un escenario.*

---

**página 335**

**Personajes:**
El niño esquimal
El niño tropical

**Escenografía:**
La playa de una isla tropical. En la orilla se ven los restos de una embarcación en muy mal estado. Al fondo se ven un huerto y un **granero**.

*(Al abrirse el telón, un niño esquimal se baja de la embarcación y camina por la playa. Está vestido como si estuviera en el polo. Se agita las ropas porque tiene muchísimo calor.)*

**El niño esquimal** *(resopla)*. ¡Estas pieles abrigan demasiado! ¿Por qué no me di cuenta antes?

*(Un niño tropical, vestido con ropas de verano y una vincha colorida, se acerca corriendo).*

**El niño tropical** ¡Oye, tú! ¿Te has perdido? ¿Por qué estás vestido así?

**El niño esquimal** *(se da vuelta sorprendido).* Creo que sí me he perdido. Nunca había visto un lugar como este. Tengo mucho calor con estas pieles.

**El niño tropical** ¿De dónde vienes?... *(se interrumpe, mira bien al niño esquimal y vuelve a hablar).* Supongo que no vienes a hacer guerra. ¿Vienes a visitarnos?

**El niño esquimal** *(afirma con la cabeza).* No era mi intención llegar hasta aquí. No quiero molestar.

---

Las **acotaciones** son instrucciones que el autor da a los personajes de cómo moverse, qué gestos hacer y qué sentimientos deben expresar.

La **escenografía** es el decorado del escenario.

El **diálogo** es lo que dicen los personajes.

## Tu turno

Comenta con un compañero o una compañera sobre la enseñanza que les dejó la obra.

# Raíces de palabras

La raíz es la parte de la palabra que no cambia. Cuando lees una palabra desconocida, fíjate en su raíz para intentar descubrir su significado.

 **Busca evidencias en el texto**

*En la página 335 veo la palabra* granero. *Sé que la raíz* gran- *se encuentra en la palabra* granero *y que significa* grano. *Por lo tanto,* granero *es el lugar donde se guardan los granos del trigo.*

Dos niños se encuentran en la playa de una isla tropical. En la orilla se ven los restos de una embarcación en muy mal estado. Al fondo se ven un huerto y un **granero**.

## Tu turno

Identifica la raíz de estas palabras para averiguar su significado.

**mejorará,** *página 337*

**progresarán,** *página 337*

Comenta el significado de las palabras con un compañero o una compañera.

Luis Fernández

# De lectores...

Los escritores usan diferentes tipos de oraciones para que la lectura de sus obras sea más interesante. Vuelve a leer este pasaje de "Gracias a la amistad".

## Estructura de las oraciones

Encuentra diferentes clases de oraciones. ¿De qué manera esta variedad de oraciones hace que la historia sea más interesante?

**Ejemplo modelo**

*(Al abrirse el telón, un niño esquimal se baja de la embarcación y camina por la playa. Está vestido como si estuviera en el polo. Se agita las ropas porque tiene muchísimo calor).*

**El niño esquimal:** *(resopla).* ¡Estas pieles abrigan demasiado! ¿Por qué no me di cuenta antes?

*(Un niño tropical, vestido con ropas de verano y una vincha colorida, se acerca corriendo).*

**El niño tropical:** ¡Oye, tú! ¿Te has perdido? ¿Por qué estás vestido así?

**El niño esquimal:** *(se da vuelta sorprendido).* Creo que sí me he perdido. Nunca había visto un lugar como este. Tengo mucho calor con estas pieles.

# a escritores

## Marcas de corrección

≡ Mayúscula

/ Minúscula

⊙ Agregar punto

∧ Insertar

⌐ Eliminar

### Manual de gramática

Página 472
**El pronombre personal**

Estefanía escribió una historia sobre un intercambio. Lee el texto y fíjate en sus correcciones.

**Ejemplo del estudiante**

## Un intercambio perfecto

Mi mejor amigo tenía una brújula. ~~La brújula~~ <sup>Esta</sup> era como un reloj que en lugar de tener números tiene las ̶letras n, S, E y O. Yo en cambio tenía una calculadora. Un día <sup>los</sup> intercambiamos la brújula y el reloj durante una semana. ¡Fue muy divertido!

## Tu turno

COLABORA

☑ Identifica diferentes clases de oraciones.

☑ Identifica pronombres personales.

☑ Comenta cómo las correcciones mejoraron el texto.

**¡Conéctate!**
*Escribe en el rincón del escritor.*

# ¡A reciclar!

Los neumáticos viejos pueden ser reutilizados para hacer columpios o para construir paredes. También sirven para armar arrecifes para los animales en el fondo del mar.

► Casi todo lo que usamos se puede reciclar.

► Reutilizar las cosas usadas es bueno para nuestro planeta Tierra.

► Debemos reutilizar y reciclar todo lo que podamos.

## Coméntalo

Escribe tres palabras que se relacionen con el reciclaje. Habla en pareja sobre las distintas formas de reciclar.

# Vocabulario

Mira las fotos y lee las oraciones para comentar cada palabra con un compañero o una compañera.

## antepasado

Mis **antepasados** son de origen chino.

*¿Tu familia conserva algún objeto de tus antepasados?*

## arder

En el verano, los árboles pueden **arder** con facilidad.

*¿Conoces una palabra que signifique lo opuesto de arder?*

## conservación

La bombilla de Carlos ahorra energía y es un buen ejemplo de **conservación**.

*¿Puedes dar otro ejemplo de conservación?*

## envejecer

Es hermoso **envejecer** acompañados por los seres queridos.

*¿Envejecen las cosas cuando quedan a la intemperie?*

### oficio

Me gustaría aprender el **oficio** de cerrajero.

*¿Conoces otra palabra que signifique casi lo mismo que oficio?*

### oxidado

Juan y su papá cambian una pieza **oxidada** de la bicicleta.

*¿Qué color tiene algo que está oxidado?*

### reciclar

Sara quiere **reciclar** los envases vacíos.

*¿Qué otras cosas puedes reciclar?*

### serrar

Daniel comenzó a **serrar** la madera para fabricar estantes.

*¿Con qué herramienta puedes serrar?*

## Tu turno

COLABORA

Elige tres palabras y escribe tres preguntas para tu compañero o compañera.

**¡Conéctate!** *Usa el glosario digital ilustrado.*

(t) Tetra Images/Getty Images; (tc) Ron Nickel/Design Pics; (bc) © Ocean/Corbis; (b) Chris Clinton/Lifesize/Getty Images

# El bicicletero

*Laia Cortés*

## Pregunta esencial

**¿Cómo rescatar cosas usadas?**

Lee acerca de cómo un estudiante de arte comienza a reciclar bicicletas en una gran ciudad.

Cuando era estudiante de arte, me fui a vivir a Nueva York, la ciudad de donde venían mis **antepasados**. Ahí hay mucha gente de todas partes del mundo. Lo que más me gusta de esta ciudad es que las personas caminan mucho de un lado para otro. También usan el metro, un tren subterráneo. Pero otras, prefieren usar la bicicleta.

Lo bueno de la ciudad de Nueva York es que es plana. Por eso, andar en bicicleta es fácil y hasta agradable. Entonces, decidí comprarme una bicicleta para ir de la escuela a la casa. No solo era más divertido, sino que además era un buen ejercicio. Sin embargo, hay un inconveniente: cuando nieva no se puede andar en bicicleta.

Un día dejé mi bicicleta asegurada a un poste de luz en la calle y cuando regresé, le faltaban las ruedas y el asiento. Lo que me quedaba de bicicleta no era mucho pero decidí llevármela como estaba. Pensé que podía comprarle ruedas nuevas y un asiento.

En la ciudad hay muchas bicicletas incompletas en la calle. A veces los autos las aplastan. Otras, el sol **arde** tan fuerte que les quema el asiento y se les derriten los rayos de las ruedas. Sus dueños, al encontrarlas incompletas, las dejan ahí para siempre porque no saben qué hacer con ellas. Yo, en cambio, decidí hacer algo con todas esas partes de bicicletas olvidadas.

Así empezó mi nuevo **oficio**: el de bicicletero.

En el barrio donde vivía, empezaron a traerme sus bicicletas rotas para arreglarlas. Yo encontraba las partes de bicicletas olvidadas en la calle y las **reciclaba**. Poco a poco me volví famoso y tuve la necesidad de alquilar un espacio más grande para arreglar y reconstruir bicicletas con partes usadas.

Por fin, conseguí un garaje que compartí con un amigo. Ahí puse un cartel "Se arreglan bicicletas". En mi estudio tenía herramientas para **serrar** el metal. También tenía que pintar las partes que se habían **oxidado** con la lluvia. Hay bicicletas que he rescatado completamente destruidas porque han **envejecido** con el tiempo. La única manera para su **conservación** es pintarlas con una pintura especial que las protege de la humedad. Pero antes de pintar hay que lijarlas bien.

Ahora tengo un pequeño camión. Los domingos salgo a dar una vuelta por los diferentes barrios de la ciudad para buscar bicicletas olvidadas. ¿Y cómo sé que una bicicleta ha sido olvidada? Porque están oxidadas y con las llantas desinfladas. También lo sé porque no tienen asiento, ni ruedas. Estas son las bicicletas que las personas prefieren olvidar. En lugar de llevárselas a casa para arreglarlas, las abandonan.

A veces encuentro solo una rueda asegurada contra un poste. Otras, encuentro el armazón sin las ruedas. Lo más difícil de encontrar son los asientos. Pero cuando reúno las partes, puedo reciclar hasta tres bicicletas en una semana.

Un día en la playa encontré una bicicleta. Estaba sobre la

La llevé a casa y cuando terminé de arreglarla me habló. Oí una voz cansada que me dijo "gracias". Cuando intenté descubrir quién había hablado, volvió a repetirlo. Es la única bicicleta que he oído hablar en mi vida. Luego me contó su historia.

La bicicleta tenía 80 años y la habían fabricado en Nueva York. Cuando me dijo el apartamento donde había vivido con una familia, me di cuenta de que esta bicicleta había pertenecido a mi abuelo. Yo no conocí a mi abuelo, pero a través de esta bicicleta pude saber muchas cosas de él.

Y por eso, ahora sé que en mi familia ya habían practicado mi oficio: el de bicicletero.

A mi abuelo le encantaban las bicicletas. Lo conocían en el barrio por tener tres, todas diferentes. Le gustaba hacer carreras pero también le gustaba repararlas. Ahora bien, en ese tiempo no había mucha gente con bicicleta. Mi abuelo era una persona especial, y la bicicleta que yo encontré en la playa también. Era una bicicleta armada por él.

## ¿? Haz conexiones

¿Cuál fue el problema con el que se encontró el personaje? ¿Qué decidió hacer para resolverlo?
**PREGUNTA ESENCIAL**

¿Alguna vez reciclaste algo para resolver un problema? ¿Cómo funcionó?
**EL TEXTO Y TÚ**

# Resumir

Cuando resumes, vuelves a contar los sucesos más importantes de un cuento con tus propias palabras. Identifica estos sucesos para resumir "El bicicletero".

 **Busca evidencias en el texto**

Sabemos que el estudiante encontró su bicicleta incompleta. ¿Cómo hizo para seguir andando en bicicleta? Resume con tus propias palabras.

**página 349**

Cuando era estudiante de arte, me fui a vivir a Nueva York, la ciudad de donde venían mis **antepasados**. Ahí hay mucha gente de todas partes del mundo. Lo que más me gusta de esta ciudad es que las personas caminan mucho de un lado para otro. También usan el metro, un tren subterráneo. Pero otras, prefieren usar la bicicleta.

Lo bueno de la ciudad de Nueva York es que es plana. Por eso, andar en bicicleta es fácil y hasta agradable. Entonces, decidí comprarme una bicicleta para ir de la escuela a la casa. No solo era más divertido, sino que además era un buen ejercicio. Sin embargo, hay un inconveniente: cuando nieva no se puede andar en bicicleta.

Un día dejé mi bicicleta asegurada a un poste de luz en la calle y cuando regresé, le faltaban las ruedas y el asiento. Lo que me quedaba de bicicleta no era mucho pero decidí llevármela como estaba. Pensé que podía comprarle ruedas nuevas y un asiento.

En la ciudad hay muchas bicicletas incompletas en la calle. A veces los autos las aplastan. Otras, el sol **arde** tan fuerte que les quema el asiento y se les derriten los rayos de las ruedas. Sus dueños, al encontrarlas incompletas, las dejan ahí para siempre porque no saben qué hacer con ellas. Yo, en cambio, decidí hacer algo con todas esas partes de bicicletas olvidadas.

Así empezó mi nuevo **oficio**: el de bicicletero.

*El estudiante encontró su bicicleta sin ruedas y sin asiento. En lugar de dejar su bicicleta ahí, decidió arreglarla con partes usadas.*

*Esto hizo que se diera cuenta de que podía reutilizar partes de bicicletas para armar las incompletas.*

## Tu turno

COLABORA

Vuelve a leer "El bicicletero". Resume los sucesos más importantes para contar cómo logró resolver el problema.

David Pintor

# Punto de vista

Los personajes tienen opiniones sobre otros personajes o sobre los sucesos del cuento. Este es el punto de vista. Fíjate en lo que hace y dice el personaje principal e identifica su punto de vista.

 **Busca evidencias en el texto**

*¿Qué siente el personaje principal acerca del reciclaje? Volveré a leer para recordar lo que dice y hace. Esos detalles me ayudarán a identificar su punto de vista.*

| Detalles |
|---|
| Busca partes de bicicletas para arreglar la suya. |
| |
| |

↓

| Punto de vista |
|---|
| |

**Tu turno**

Vuelve a leer "El bicicletero". Identifica la opinión del personaje sobre la reutilización de las cosas y escríbela en el organizador. ¿Estás de acuerdo con su punto de vista?

**¡Conéctate!**
*Usa el organizador gráfico interactivo.*

353

# Fantasía

El cuento "El bicicletero" es **fantasía**.

Sabemos que es fantasía porque:

- Hay un personaje que es un objeto y que habla.
- Deja una enseñanza.

## 🔍 Busca evidencias en el texto

*Sé que "El bicicletero" es fantasía porque la bicicleta conversa con el personaje principal y eso no puede suceder en la vida real. Además, el cuento nos deja una enseñanza.*

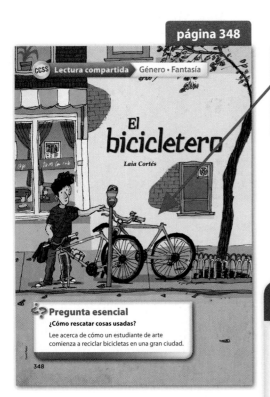

página 348

**Ilustraciones** Las ilustraciones nos muestran más detalles sobre los personajes, el ambiente o los sucesos del cuento.

 COLABORA

## Tu turno

Busca la enseñanza que te deja este cuento. Comenta en pareja por qué es fantasía y cuál es la enseñanza.

# Homógrafos

Los homógrafos son palabras que se escriben igual pero tienen distinto significado. Usa el contexto de la oración para determinar el significado de un homógrafo.

## Busca evidencias en el texto

*En la página 349, veo la palabra* metro. *Sé que en el lenguaje diario* metro *puede significar "tren urbano que va por debajo de la tierra" o "unidad de medida". Volveré a leer la oración para ver con qué significado se usó la palabra. En esta oración* metro *significa "tren urbano que va por debajo de la tierra".*

También usan el metro, un tren subterráneo.

## Tu turno

Usa claves de contexto para averiguar los dos significados de estos homógrafos.

**partes,** *página 349*

**rayos,** *página 349*

**rotas,** *página 350*

David Pintor

# De lectores...

Los escritores eligen palabras para expresar el sabor, el olor, la apariencia y el sonido de las cosas. El lenguaje sensorial ayuda a describir los sucesos con más claridad. Vuelve a leer este pasaje de "El bicicletero".

**Ejemplo modelo**

## Lenguaje sensorial

Encuentra ejemplos de **lenguaje sensorial**. ¿Cómo te ayuda a entender los sucesos?

Un día en la playa encontré una bicicleta. Estaba sobre la arena completamente oxidada. La llevé a casa y cuando terminé de arreglarla me habló. Oí una voz cansada que me dijo "gracias". Cuando intenté descubrir quién había hablado, volvió a repetirlo. Es la única bicicleta que he oído hablar en mi vida. Luego me contó su historia.

David Pintor

# a escritores

## Marcas de corrección

| / | Minúscula |
| ∧ | Insertar |
| ℓ | Eliminar |

Jacinto escribió un texto sobre cómo fabricó algo para su mamá. Lee el texto y fíjate en sus correcciones.

**Manual de gramática**

Página 472
**Pronombres personales**

**Ejemplo del estudiante**

## El regalo de mamá

Era el cumpleaños de ~~ti~~ ^mi^ ^m^Mamá.

Tenemos una gran cantidad de

cajas de cartón. ~~Mi~~ ^Yo^ quería una

caja para hacer su regalo. Primero

corté un marco. Luego pegué

encima botones ^rojos y blancos^ y cintas ^brillantes^. Y puse la

foto en el interior. Cuando abrió el

regalo saltó de alegría. Dijo que

era más lindo que el que había

visto en ~~Nva.Y~~. ^NY^

## Tu turno

COLABORA

- ☑ Identifica lenguaje sensorial.
- ☑ Identifica pronombres personales.
- ☑ Comenta cómo las correcciones mejoraron el texto.

**¡Conéctate!**
*Escribe en el rincón del escritor.*

357

**Pregunta esencial**
## ¿Cómo trabajan juntos los equipos?

¡Conéctate!

© Peter Kneffel/dpa/Corbis

# TRABAJO EN EQUIPO

Sasha está entrenada para rescatar gente. Ella y su equipo trabajan juntos para buscar y ayudar a las personas que se han perdido en la nieve.

► Existen muchos equipos diferentes.

► Debe haber confianza y buena comunicación dentro de un equipo.

► Las cosas más difíciles se logran con el trabajo en equipo.

## Coméntalo

Escribe palabras relacionadas con el trabajo en equipo. Comenta en pareja cómo trabajan juntos los equipos.

Trabajo en equipo

# Vocabulario

**Mira las fotos y lee las oraciones para comentar cada palabra con un compañero o una compañera.**

**acudir**

Una ambulancia debe **acudir** rápidamente a una emergencia.

¿Qué más debe acudir rápidamente a una emergencia?

**accidental**

Jason tropezó de forma **accidental** y provocó un desorden.

¿Qué significa la palabra accidental?

**dañino**

Si eres alérgico, la hiedra venenosa puede ser **dañina** para tu piel.

¿Qué otras cosas pueden ser dañinas?

**desastre**

Los tornados y otros **desastres** naturales causan muchos daños.

¿Conoces otros desastres naturales?

## descuidado

Por **descuidado**, Henry derramó la leche.

¿Qué palabra significa lo opuesto a descuidado?

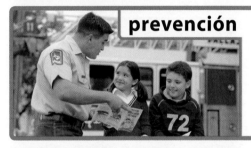

## equipo

Los bomberos usan **equipos** especiales para combatir incendios.

¿Qué equipo necesita un astronauta?

## prevención

David enseña a los niños sobre la **prevención** de incendios.

¿Te gustaría aprender sobre la prevención de incendios?

## propósito

El **propósito** de un casco es proteger la cabeza de Jay.

¿Cuál es el propósito de los guantes?

## Tu turno

COLABORA

Elige tres palabras y escribe tres preguntas para tu compañero o compañera.

**¡Conéctate!** *Usa el glosario digital ilustrado.*

(t) Ken Samuelsen/Photodisc/Getty Images; (tc) Stewart Cohen/age fotostock; (bc) Stock Foundry/Design Pics; (b) Peter Casolino/Alamy

# Perros al rescate

## Pregunta esencial

**¿Cómo trabajan juntos los equipos?**

Lee sobre cómo ayudan los perros de rescate en una emergencia.

Los perros de rescate están entrenados para ir donde se les necesite.

Los equipos de rescate **acuden** rápidamente para ayudar a las personas que están en problemas. Son héroes valientes. Pero los héroes no siempre son personas. ¡También pueden ser perros!

## Los perros de rescate también son héroes

Los perros de rescate siempre están listos para trabajar con la policía, los bomberos y otros rescatistas. Son buenos encontrando personas perdidas. Han rescatado familias enteras en terremotos y otros **desastres**. Trabajan en cualquier clima. Pero lo mejor es que pueden hacer su trabajo sin un **equipo** especial. ¡Solo necesitan sus excelentes oídos y un buen hocico!

Son inteligentes y valientes. Escuchan las órdenes con atención y hacen su trabajo aunque estén cansados, con hambre o sed. Son mansos y se llevan bien con sus adiestradores, las personas que trabajan con ellos. Además deben ser obedientes y responder a las órdenes.

Ciertas razas son más fáciles para entrenar. La border collie es una raza que se usa  mucho en desastres y emergencias. Estos perros pueden trabajar muchas horas sin cansarse. Sin embargo, los perros no sólo necesitan energía. También deben aprender a obedecer órdenes y, para eso, necesitan mucho entrenamiento.

# Cómo se entrenan

Los perros de rescate se entrenan desde cachorros. Puede llevar más de dos años entrenarlos. Pero luego están listos para salvar a quienes están en situaciones **dañinas** o peligrosas.

Ellos trabajan al aire libre con calor, con frío o mal tiempo. Corren, saltan y trepan durante muchas horas todos los días. Además, aprenden a ignorar lo que pasa a su alrededor mientras trabajan. Esto los ayuda a concentrarse y evita que cometan errores por ser **descuidados**.

Todo lo que aprenden tiene un **propósito**, ni la amistad es **accidental**. El perro y la gente con la que trabaja deben aprender a comunicarse en equipo. Hay confianza entre ellos. Y, cuando han practicado y entrenado lo suficiente, están listos para participar, o tomar parte, en una verdadera misión de rescate.

Los perros de rescate siempre están listos para zambullirse y ayudar.

## Las mejores razas de perros de rescate

| Estas razas son excelentes perros de rescate. | | | | |
|---|---|---|---|---|
| **Raza** | **labrador retriever** | **ovejero alemán** | **sabueso** | **border collie** |
| **Característica de rescate** | amigable | valiente | buen olfato | mucha energía y resistencia |

# ¡Buen chico!

Cuando alguien está perdido, el perro de rescate olfatea el aire y el suelo para encontrarlo. Su olfato está mucho más desarrollado que el de las personas. Puede oler a una persona atrapada bajo cuatro metros de nieve. Al hallar algo, ladra para alertar a su compañero. Como el rescatista confía en él, el equipo trabaja rápido para salvar una vida. Luego de un rescate, se le recompensa con elogios y regalos.

A veces, los equipos de rescate van a las escuelas a enseñar a los niños sobre seguridad y **prevención** de desastres. Les muestran cómo mantenerse a salvo y qué hacer en una emergencia. Es un trabajo divertido para los perros de rescate. Reciben mucha atención por hacer lo que mejor saben: ayudar a las personas. ¡Los perros de rescate realmente son héroes!

**Este equipo trabaja en montañas nevadas.**

## Haz conexiones

¿Cómo trabajan juntos rescatistas y perros de rescate?
**PREGUNTA ESENCIAL**

¿Te gustaría trabajar con un perro de rescate?
**EL TEXTO Y TÚ**

Tom Bear/Aurora/Getty Images

# Hacer y responder preguntas

Haz una pausa y piensa en alguna pregunta mientras lees. Luego, vuelve a leer para hallar detalles que apoyen tu respuesta.

 **Busca evidencias en el texto**

Vuelve a leer "Los perros de rescate también son héroes". Piensa en una pregunta y vuelve a leer para responderla.

**página 363**

Los equipos de rescate **acuden** rápidamente para ayudar a las personas que están en problemas. Son héroes valientes. Pero los héroes no siempre son personas. ¡También pueden ser perros!

**Los perros de rescate también son héroes**

Los perros de rescate siempre están listos para trabajar con la policía, los bomberos y otros rescatistas. Son buenos encontrando personas perdidas. Han rescatado familias enteras en terremotos y otros **desastres**. Trabajan en cualquier clima. Pero lo mejor es que pueden hacer su trabajo sin un **equipo** especial. ¡Solo necesitan sus excelentes oídos y un buen hocico!

Son inteligentes y valientes. Escuchan las órdenes con atención y hacen su trabajo aunque estén cansados,

*Pregunto: ¿qué hacen los perros de rescate?* *Leo que hallan personas perdidas y rescatan familias luego de un desastre natural. Trabajan en cualquier clima. Puedo responder mi pregunta. Trabajan duro para salvar vidas.*

## Tu turno

COLABORA

Vuelve a leer "Cómo se entrenan". Piensa en una pregunta. Por ejemplo, ¿cómo se preparan para convertirse en perros de rescate? Vuelve a leer para hallar la respuesta.

# Punto de vista del autor

El punto de vista del autor es lo que piensa sobre un tema. Busca datos y detalles en el texto que muestren qué piensa el autor. Reflexiona si estás de acuerdo con él.

## Busca evidencias en el texto

*¿Qué piensa el autor sobre los perros de rescate? Vuelvo a leer el texto y busco detalles que muestran lo que piensa. Esto me ayudará a descubrir el punto de vista del autor.*

| Detalles |
| --- |
| Los perros de rescate son inteligentes y valientes. |
| No se cansan fácilmente, y eso es importante. |
| |

↓

| Punto de vista del autor |
| --- |
| |

**Tu turno**

Vuelve a leer "Perros al rescate". Busca detalles que muestren lo que piensa el autor sobre estos perros y completa el organizador gráfico. ¿Cuál es el punto de vista del autor? ¿Estas de acuerdo con él? ¿Por qué?

**¡Conéctate!**
*Usa el organizador gráfico interactivo.*

# Texto expositivo

"Perros al rescate" es un texto expositivo.

Un **texto expositivo**:

- Brinda datos e información sobre un tema.
- Incluye características del texto como títulos, fotografías, pies de foto y gráficos

 **Busca evidencias en el texto**

*Puedo saber que "Perros al rescate" es un texto expositivo porque brinda datos e información. Tiene fotografías con pies de foto. También hay títulos y un gráfico.*

página 364

### Cómo se entrenan

Los perros de rescate se entrenan desde cachorros. Puede llevar más de dos años entrenarlos. Pero luego están listos para salvar a quienes están en situaciones **dañinas** o peligrosas.

Ellos trabajan al aire libre con calor, con frío o mal tiempo. Corren, saltan y trepan durante muchas horas todos los días. Además, aprenden a ignorar lo que pasa a su alrededor mientras trabajan. Esto los ayuda a concentrarse y evita que cometan errores por ser **descuidados**.

Todo lo que aprenden tiene un **propósito**, ni la amistad es **accidental**. El perro y la gente con la que trabaja deben aprender a comunicarse en equipo. Hay confianza entre ellos. Y, cuando han practicado y entrenado lo suficiente, están listos para participar, o tomar parte, en una verdadera misión de rescate.

Los perros de rescate siempre están listos para zambullirse y ayudar.

| Las mejores razas de perros de rescate | | | | |
|---|---|---|---|---|
| Estas razas son excelentes perros de rescate. | | | | |
| Raza | labrador retriever | ovejero alemán | sabueso | border collie |
| Característica de rescate | amigable | valiente | buen olfato | mucha energía y resistencia |

364

## Características del texto

**Títulos** Los títulos nos dicen de qué trata cada sección de un texto.

**Gráfico** Los gráficos brindan información que resulta más fácil de encontrar y de leer.

 COLABORA

## Tu turno

Observa el gráfico de la página 364. ¿Por qué los ovejeros alemanes son buenos perros de rescate?

# Claves en las oraciones

Cuando lees una palabra que no conoces, el contexto de la oración te ayudará a entender el significado de esa palabra.

### Busca evidencias en el texto

*En la página 363 leo la palabra* adiestradores. *No estoy seguro de su significado. Veo las palabras "personas que trabajan con ellos" en la misma oración. Esto me ayuda a descubrir que los* adiestradores *son "las personas que trabajan con perros de rescate".*

Son mansos y se llevan bien con sus adiestradores, las personas que trabajan con ellos.

## Tu turno

Busca claves en las oraciones para descubrir el significado de estas palabras.

**obediente,** *página 363*

**participar,** *página 364*

# De lectores...

Los escritores agrupan las ideas relacionadas. Un párrafo bien escrito tiene una oración principal que expresa la idea más importante y oraciones de apoyo que brindan detalles. Vuelve a leer este párrafo de "Perros al rescate".

## Párrafo bien escrito

Busca la oración principal. ¿Qué detalles la apoyan?

**Ejemplo modelo**

Ciertas razas son más fáciles entrenar. La border collie es una raza muy usada en desastres y emergencias. Estos perros pueden trabajar muchas horas sin cansarse. Sin embargo, los perros no sólo necesitan energía. También deben aprender a obedecer órdenes, y, para eso, necesitan mucho entrenamiento.

# a escritores

Katie escribió sobre cómo los rescatistas ayudan a las personas. Lee sus correcciones.

## Marcas de corrección

≡ Mayúscula

/ Minúscula

⊙ Agregar punto

∧ Insertar

✐ Eliminar

### Manual de gramática

Página 472

**El pronombre posesivo y demostrativo**

**Ejemplo del estudiante**

## Los bomberos nos ayudan

Los bomberos ayudan a nuestra comunidad⊙ Ellos hace̶ *hacen* trabajos peligrosos. ~~Una vez vi un bombero~~. cuando llamas a los Bomberos, estos llegan muy rápido. Para visitarlos, puedes escribirles a: london street #455 San Antonio, Texas 79905.

## Tu turno

COLABORA

☑ Identifica la oración principal
☑ Identifica un pronombre.
☑ Explica cómo las correcciones mejoraron el texto de Katie.

**¡Conéctate!**
*Escribe en el rincón del escritor.*

**¿?** **Pregunta esencial**

### ¿Qué hacen los buenos ciudadanos?

¡Conéctate!

David L. Moore-Oahu/Alamy

# CIUDADANÍA

Lou ayuda a su comunidad en las preparaciones de la ceremonia para honrar a sus héroes. Lou es un buen ciudadano. Ser un buen ciudadano significa:

- ► Ayudar a otras personas.
- ► Cumplir las normas y respetar a los demás.
- ► Esto ayuda a la seguridad de todos.

## Coméntalo

Escribe palabras relacionadas con la ciudadanía. Comenta cómo puedes ser un buen ciudadano.

# Vocabulario

**Mira las fotos y lee las oraciones para comentar cada palabra con un compañero o una compañera.**

**audaz**

Solo este **audaz** pingüino se atrevió a zambullirse en el mar helado.

¿Qué acción audaz has visto?

**ciudadanía**

Plantar árboles en tu comunidad es un ejemplo de **ciudadanía**.

¿Qué otros ejemplos de ciudadanía conoces?

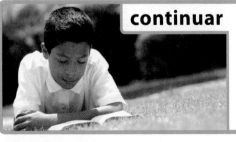

**continuar**

Justin **continuó** leyendo su libro después de la escuela.

¿Qué palabra indica lo opuesto a continuar?

**horrorizado**

Pablo y su madre estaban **horrorizados** con la película de terror.

¿Alguna vez has estado horrorizado?

## obstáculo

El caballo saltó todos los **obstáculos** sin derribarlos.

¿Te animas a saltar obstáculos?

## participar

Estos niños van a **participar** en una carrera de bolsas.

¿En qué juegos te gusta participar?

## proponer

Sylvia le **propuso** a Tina buscar la respuesta en internet.

¿Qué juego le propusiste a tu amigo?

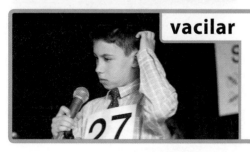

## vacilar

Cuando Ted olvidó la respuesta, empezó a **vacilar**.

¿Qué gestos hace una persona que vacila?

## Tu turno

COLABORA

Elige tres palabras y escribe tres preguntas para tu compañero o compañera.

**¡Conéctate!** *Usa el glosario digital ilustrado.*

# Dolores Huerta
## FUERZA Y PROGRESO

¿? **Pregunta esencial**

¿Qué hacen los buenos ciudadanos?

Lee sobre cómo Dolores Huerta ayudó a muchas personas.

376

Dolores Huerta aprendió a ayudar a las personas observando a su madre. Para ella era importante la **ciudadanía**, o ser buena ciudadana, y le enseñó a Dolores que las mujeres pueden ser líderes fuertes. Cuando creció, Dolores tenía los mismos ideales que su madre.

## Buenos ciudadanos

Dolores nació el 10 de abril de 1930. Vivió en un pequeño pueblo de Nuevo México hasta los tres años. Luego, se mudó a California con su madre y dos hermanos. Dolores creció viendo a su madre **participar** en las organizaciones de la comunidad. Su madre pensaba que todas las personas merecían ser tratadas de manera justa.

Cuando Dolores aún era una muchacha, su madre tenía un hotel y un restaurante. Muchos agricultores del pueblo eran pobres y pasaban hambre. Trabajaban duro y les pagaban muy poco. La madre de Dolores los dejaba quedarse en su hotel y los alimentaba gratis. Esto le enseñó a Dolores y a sus hermanos que los buenos ciudadanos deben ayudar a sus vecinos.

**Dolores Huerta ayudó a los agricultores que pasaban muchas horas trabajando en los campos.**

## Dolores en la escuela

Dolores se dio cuenta de que en California la vida de los agricultores era muy dura. Quería que todos fueran tratados de manera justa. Ella **continuó** teniendo esta actitud cuando estudiaba en la universidad para convertirse en maestra.

Muchos de los alumnos de Dolores eran hijos de agricultores. A menudo, estos niños estaban cansados y tenían hambre. Iban descalzos porque no tenían zapatos. Dolores sintió que necesitaba ayudarlos. Entonces fue a ver al director de la escuela y le **propuso** ideas para superar estos **obstáculos**. Trató de conseguir almuerzos y leche gratis, zapatos y ropa nueva para los niños.

Este fue un compromiso verdaderamente **audaz**. Los demás maestros no estaban de acuerdo con ella, y corrió muchos riesgos; pero sus ideales se mantenían firmes, sin **vacilar**. Decidió hacer algo frente a la injusticia que veía para ayudar a los agricultores y a sus familias.

## Dolores: Fuerte y justa

*Esta línea cronológica muestra fechas importantes en la vida de Dolores Huerta.*

1930 — 1940 — 1950 — 1960 — 1970 — 1980

**1933:** Se muda a California.

**1953–1955:** Trabaja como maestra.

**1955:** Conoce a César Chávez.

**1930:** Nace Dolores.

**1962:** Dolores y César fundan la Asociación Nacional de Trabajadores del Campo.

**1975:** Ayudó para que se aprobaran leyes que protegieran a los agricultores.

# Dolores se mantiene firme

Todos los días, Dolores veía gente que trabajaba en condiciones inusualmente peligrosas y desagradables. Estaba **horrorizada**. Los agricultores no tenían dinero para alimentar a sus familias.

En 1969, Dolores Huerta habló a los agricultores en una concentración.

En 1955, conoció a César Chávez. Él también quería mejorar la vida de los agricultores. Juntos crearon la Asociación Nacional de Trabajadores del Campo, que protegía los derechos de los agricultores. Ayudó a que las grandes fincas los trataran mejor y las condiciones de trabajo mejoraron increíblemente.

Crecer con una madre que se preocupaba por los demás enseñó a Dolores a ser buena ciudadana. Su amabilidad y valentía ayudaron a los agricultores y a sus familias. Dolores Huerta es un ejemplo de ciudadanía.

**1990**   **2000**   **2010**

**1998:**
El presidente Clinton le otorgó el premio de Derechos Humanos.

## ¿¿? Haz conexiones

¿Qué acciones convirtieron a Dolores en una buena ciudadana? **PREGUNTA ESENCIAL**

¿Qué puedes hacer para mejorar la vida de otros? **EL TEXTO Y TÚ**

(t) 1976 George Ballis/Take Stock/The Image Works; (b) J. Scott Applewhite/AP Photo

# Hacer y responder preguntas

Piensa en una pregunta mientras lees. Luego, vuelve a leer para encontrar la respuesta.

 **Busca evidencias en el texto**

Vuelve a leer "Buenos ciudadanos", en la página 377. Piensa en una pregunta y luego lee para encontrar la respuesta.

> **página 377**
>
> **Buenos ciudadanos**
>
> Dolores nació el 10 de abril de 1930. Vivió en un pequeño pueblo de Nuevo México hasta los tres años. Luego, se mudó a California con su madre y dos hermanos. Dolores creció viendo **participar** a su madre en las organizaciones de la comunidad. Su madre pensaba que todas las personas merecían ser tratadas de manera justa.
>
> Cuando Dolores aún era una muchacha, su madre tenía un hotel y un restaurante. Muchos agricultores del pueblo eran pobres y pasaban hambre. Trabajaban duro y les pagaban muy poco. La madre de Dolores los dejaba quedarse en su hotel y los alimentaba gratis. Esto le enseñó a Dolores y a sus hermanos que los buenos ciudadanos deben ayudar a sus vecinos.

*Pregunto: ¿Cómo aprendió Dolores a ser buena ciudadana? Leo que <u>cuando Dolores era joven, su madre les daba casa y comida gratis en su hotel a los agricultores pobres</u>. Puedo responder mi pregunta. Dolores aprendió a ser buena ciudadana observando a su madre.*

## Tu turno

 COLABORA

Vuelve a leer "Dolores en la escuela". Piensa en una pregunta. Por ejemplo, ¿qué hizo Dolores para ayudar a sus alumnos? Vuelve a leer la sección para hallar la respuesta.

# Punto de vista del autor

El punto de vista del autor es lo que piensa sobre un tema. Busca datos y detalles en el texto que muestren qué piensa el autor. Reflexiona si estás de acuerdo con él.

## Busca evidencias en el texto

*¿Qué piensa el autor sobre Dolores Huerta? Puedo volver a leer el texto y buscar detalles que me indiquen lo que piensa el autor. Esto me ayudará a descubrir su punto de vista.*

| Detalles |
| --- |
| Su madre le enseñó a ser una buena ciudadana. |
| Su compromiso frente a los obstáculos fue audaz. |
| |

↓

| Punto de vista del autor |
| --- |
| |

**Tu turno** COLABORA

Vuelve a leer "Dolores Huerta: Fuerza y progreso". Busca más detalles que muestren qué piensa el autor sobre Dolores y completa tu organizador gráfico. ¿Cuál es el punto de vista del autor? ¿Estás de acuerdo con el autor?

**¡Conéctate!**
*Usa el organizador gráfico interactivo.*

381

# Biografía

"Dolores Huerta: Fuerza y progreso" es una biografía porque:

- Cuenta la historia de la vida de una persona.
- Está escrita por otra persona.
- Incluye características del texto, como líneas cronológicas, fotografías y pies de foto.

 **Busca evidencias en el texto**

*Sé que "Dolores Huerta: Fuerza y progreso" es una biografía porque hay datos e información sobre la vida de Dolores Huerta. También hay una línea cronológica que muestra, en orden, los acontecimientos importantes de su vida.*

**página 379**

**Dolores se mantiene firme**

Todos los días, Dolores veía gente que trabajaba en condiciones inusualmente peligrosas y desagradables. Estaba **horrorizada**. Los agricultores no tenían dinero para alimentar a sus familias.

En 1955, conoció a César Chávez. Él también quería mejorar la vida de los agricultores. Juntos crearon la Asociación Nacional de Trabajadores del Campo, que protegía los derechos de los agricultores. Ayudó a que las grandes fincas los trataran mejor y las condiciones de trabajo mejoraron increíblemente.

Crecer con una madre que se preocupaba por los demás enseñó a Dolores a ser buena ciudadana. Su amabilidad y valentía ayudaron a los agricultores y a sus familias. Dolores Huerta es un ejemplo de ciudadanía.

En 1969, Dolores Huerta habló a los agricultores en una concentración.

1990    2000    2010

**1998:** El presidente Clinton le otorgó el premio de Derechos Humanos.

**Haz conexiones**

¿Qué acciones convirtieron a Dolores en una buena ciudadana? PREGUNTA ESENCIAL

¿Qué puedes hacer para mejorar la vida de otros? EL TEXTO Y TÚ

379

## Características del texto

Los **pies de foto** explican la fotografía. Brindan información que puede no estar incluida en el texto.

Una **línea cronológica** muestra fechas y acontecimientos importantes, en orden.

COLABORA

**Tu turno**

Observa la línea cronológica de las páginas 378 y 379. ¿En qué año conoció Dolores a César Chávez?

# Prefijos y sufijos

Un prefijo se agrega al principio de una palabra. El sufijo se agrega al final de una palabra. Para descubrir el significado de una palabra nueva, primero debes identificar su raíz.

## Busca evidencias en el texto

*Veo la palabra* inusualmente *en la página 379. Primero, busco su raíz. Es* usual-. *Sé que el prefijo* in- *significa "no", y el sufijo* -mente *significa "de manera". Entonces,* inusualmente *debe significar "de manera no usual".*

Todos los días, Dolores veía gente que trabajaba en condiciones inusualmente peligrosas y desagradables.

## Tu turno

Busca la raíz e identifica el prefijo y el sufijo para descubrir el significado de cada palabra.

**desagradable,** *página 379*

**increíblemente,** *página 379*

Dr. Parvinder Sethi

# De lectores...

Los escritores a veces colocan una pregunta al principio de un texto o incluyen datos interesantes para atraer la atención del lector. Un principio interesante presenta el tema y logra que el lector quiera seguir leyendo.

## Principio interesante

Lee el **principio**. ¿Por qué las primeras líneas te dan ganas de seguir leyendo?

**Ejemplo modelo**

Dolores Huerta aprendió a ayudar a las personas observando a su madre. Para ella era importante la ciudadanía, o ser buena ciudadana, y le enseñó a Dolores que las mujeres pueden ser líderes fuertes. Cuando creció, Dolores tenía los mismos ideales que su madre.

# a escritores

Raj escribió su opinión acerca de cómo ser un buen ciudadano. Lee el texto y fíjate en sus correcciones.

## Sé un buen ciudadano

Es muy importante ser un buen ciudadano⊙ Mi /Amiga sari es una buena⌃ ciudadana. Ayuda a sus vecinos y trata a todos de manera justa⊙⌃ Sari cumple las normas. Siempre participa en muchas actividades de la escuela y la comunidad. El ꝗábado pasado plantó un árbol en el parque. Yo seguí su ejemplo y planté dos.

**Marcas de corrección**

≡ Mayúscula
/ Minúscula
⊙ Agregar punto
⌃ Insertar
ꝗ Eliminar

### Manual de gramática
Página 472
**El pronombre indefinido y numeral**

## Tu turno
COLABORA

- ☑ Identifica si el principio es interesante.
- ☑ Identifica un pronombre indefinido.
- ☑ Explica cómo las correcciones mejoraron el texto de Raj.

*¡Conéctate!*
*Escribe en el rincón del escritor*

## Pregunta esencial

### ¿Qué tipos de energía existen?

**¡Conéctate!**

©Simon Jarratt/Corbis

# ¡La naturaleza nos da energía!

Carlos vive cerca de un parque eólico. Le encanta pasear con su bicicleta y observar cómo se mueven las turbinas con el viento. La energía del viento, o energía eólica, produce la electricidad que calienta su casa y enciende las luces.

► La energía proviene de distintas fuentes.

► La energía eólica y la energía solar son renovables. Pueden usarse una y otra vez.

## Coméntalo

Escribe palabras que conozcas relacionadas con la energía. Habla en pareja sobre los distintos tipos de energía.

Energía

# Vocabulario

**Mira las fotos y lee las oraciones para comentar cada palabra con un compañero o una compañera.**

**contaminación**

La **contaminación** del agua con basura puede dañar a los animales.

¿Puedes nombrar qué causa contaminación en el aire?

**energía**

Ivo y su abuelo trabajan juntos con mucha **energía**.

¿De dónde obtienen la energía los carros?

**fuente**

El viento es una poderosa **fuente** de energía.

¿Cuáles son tus fuentes de energía?

**recurso natural**

Los árboles frutales son un **recurso natural**.

¿Qué recurso natural se usa para construir casas?

## producir

El Sol puede **producir** energía suficiente para calentar una casa.

¿Qué palabra significa lo mismo que producir?

## reemplazar

Tina quiere **reemplazar** su carro por uno eléctrico.

¿Qué puedes reemplazar para ayudar al medio ambiente?

## renovable

Los árboles son un recurso **renovable** porque siempre crecen nuevos ejemplares.

¿Qué significa la palabra renovable?

## tradicional

A Cho y su mamá les gusta comer platos **tradicionales**, como arroz y pescado.

¿Qué otra palabra significa lo mismo que tradicional?

## Tu turno

COLABORA

Elige tres palabras y escribe tres preguntas para tu compañero o compañera.

*¡Conéctate!* **Usa el glosario digital ilustrado**

# ¿? Pregunta esencial

### ¿Qué tipos de energía existen?

Lee acerca de por qué la energía solar es una buena fuente de energía.

**Este deportista obtiene su energía de los alimentos saludables que come.**

390

# La energía solar

¿Qué tienen en común un carro y una fábrica? Los dos necesitan **energía** para funcionar. La energía mantiene las cosas en movimiento.

## La energía en la actualidad

Obtenemos energía al ingerir alimentos saludables. Muchas fábricas, casas y carros la obtienen del carbón, petróleo, gas natural y otros combustibles fósiles. Por más de un siglo, estas fueron las **fuentes tradicionales**, o sea comunes. Hoy, gran parte de la energía usada en EE. UU. proviene de combustibles fósiles.

Estos combustibles se encuentran bajo la superficie de la Tierra y se están acabando. No son reutilizables, una vez agotados, se terminan para siempre. Por eso necesitamos fuentes alternativas para **reemplazarlos**. Los científicos saben que no hay otra manera de que el país siga avanzando y creciendo. Por eso buscan fuentes de energía nuevas o alternativas que no se agoten.

## Más barata y más limpia

La energía solar es una fuente de energía **renovable**. No es costosa. Por eso, muchos deciden poner paneles solares en los techos de las casas y de los grandes edificios. Estos paneles parecen espejos gigantes y capturan energía del Sol. En un día despejado, los rayos llegan al panel y **producen** electricidad. Luego, la electricidad circula en el edificio. Así, hay energía suficiente para subir la temperatura dentro de las casas y encender las luces, las estufas y las computadoras.

## El futuro

Cada vez más empresas eligen la energía solar para reemplazar los combustibles fósiles. Esta energía es un **recurso natural**. O sea, no fue producida ni modificada por el hombre. Es más barata que los combustibles fósiles y no causa **contaminación**. Hoy, millones de personas en todo el mundo usan energía solar para producir electricidad en sus casas y empresas. Quizá algún día reemplace completamente a los combustibles fósiles.

**Los paneles solares se colocan en los techos de los edificios.**

# ¡Viva el Sol!

La energía renovable es la mejor solución. Y la energía solar encabeza la lista. Estos son los motivos por los que la energía solar no deja de brillar:

- Es más barata que los combustibles fósiles.
- Es renovable.
- No contamina y no daña el medio ambiente.
- Está siempre disponible.
- Es energía natural.

La energía solar puede hacer casi todo lo que hacen los combustibles fósiles. Todos deberíamos usar energía solar. ¡Estas son buenas noticias para nuestro planeta!

Gracias a la energía solar, Paul puede cargar su reproductor de MP3 y escuchar música.

## ? Haz conexiones

¿Por qué la energía solar es una buena fuente de energía? **PREGUNTA ESENCIAL**

¿De qué maneras podrías usar la energía solar? **EL TEXTO Y TÚ**

(r) Culture/Creative/Alamy

# Hacer y responder preguntas

Piensa en alguna pregunta mientras lees "La energía solar".
Luego busca detalles para apoyar tu respuesta.

 **Busca evidencias en el texto**

Vuelve a leer "La energía en la actualidad" en la página 391.
Piensa en una pregunta. Luego lee para responderla.

página 391

### La energía en la actualidad

Obtenemos energía al ingerir alimentos saludables. Muchas fábricas, casas y carros la obtienen del carbón, petróleo, gas natural y otros combustibles fósiles. Por más de un siglo, estas fueron las **fuentes tradicionales**, o sea comunes. Hoy, gran parte de la energía usada en EE. UU. proviene de combustibles fósiles.

Estos combustibles se encuentran bajo la

*Me pregunto: ¿Qué son los combustibles fósiles? <u>Leí que muchas fábricas, casas y carros funcionan con combustibles fósiles. Están debajo de la superficie de la Tierra y se están acabando</u>. Puedo responder mi pregunta. Los combustibles fósiles provienen de la Tierra, pero no siempre estarán allí.*

 COLABORA

## Tu turno

Piensa en una pregunta acerca de la energía solar.
Por ejemplo, ¿cómo funcionan los paneles solares?
Vuelve a leer la página 392 para responderla.

# Causa y efecto

La causa es la razón por la cual sucede algo. El efecto es la consecuencia. Primero ocurre una para que ocurra la otra. O sea, ocurren en secuencia. Palabras como: *entonces, como resultado* y *porque* sirven para identificar causas y efectos.

## Busca evidencias en el texto

*En la página 391 leí que los científicos están buscando fuentes de energía alternativas. Esto es un efecto. Ya puedo buscar la causa. Los combustibles fósiles se están acabando y necesitamos nuevas fuentes de energía.*

| Causa | Efecto |
|---|---|
| **Primero**<br>Los combustibles fósiles se están acabando y necesitamos nuevas fuentes de energía. | Los científicos están buscando fuentes de energía alternativas. |
| **Luego**<br>La energía solar es renovable y no es costosa. | |
| **Después**<br>Los rayos llegan al panel solar. | |

COLABORA

## Tu turno

Identifica las palabras de enlace en el texto para hallar causas y efectos. Escríbelas en el organizador gráfico.

*¡Conéctate!* *Usa el organizador gráfico interactivo*

# Texto expositivo

"La energía solar" es un texto expositivo.

Un **texto expositivo**:

- Incluye datos e información sobre un tema relacionado con la ciencia.
- Incluye fotografías, pies de fotos, títulos y recuadros.

## Busca evidencias en el texto

*Me doy cuenta de que* "La energía solar" *es un texto expositivo porque da información y datos científicos. Además, tiene un recuadro con la opinión del autor sobre la energía solar.*

**página 393**

TIME
FOR KIDS

### ¡Viva el Sol!

La energía renovable es la mejor solución. Y la energía solar encabeza la lista. Estos son los motivos por los que la energía solar no deja de brillar:

- Es más barata que los combustibles fósiles.
- Es renovable.
- No contamina y no daña el medio ambiente.
- Está siempre disponible.
- Es energía natural.

La energía solar puede hacer casi todo lo que hacen los combustibles fósiles. Todos deberíamos usar energía solar. ¡Estas son buenas noticias para nuestro planeta!

Gracias a la energía solar, Paul puede cargar su reproductor de MP3 y escuchar música.

**Haz conexiones**

¿Por qué la energía solar es una buena fuente de energía? PREGUNTA ESENCIAL

¿De qué maneras podrías usar la energía solar? EL TEXTO Y TÚ

393

## Características del texto

**Recuadro** Un recuadro puede presentar la opinión del autor sobre un tema.

**Fotografías y pies de fotos** Las fotografías y los pies de fotos dan información adicional sobre un tema.

COLABORA

## Tu turno

Vuelve a leer el recuadro de la página 393. Comenta en pareja tres razones por las que deberíamos usar energía solar.

# Homófonos

Los homófonos son palabras que se pronuncian igual, pero tienen diferente significado y se escriben distinto. Las palabras *tubo* y *tuvo* son homófonos. Usa claves de contexto para deducir el significado de un homófono.

## Busca evidencias en el texto

*Veo la palabra casas en la página 391. Casas y cazas son homófonos. Casas significa "viviendas". Cazas significa "buscas animales para atraparlos o matarlos". Las palabras se pronuncian igual, pero tienen diferente significado y se escriben distinto. Puedo usar las claves de contexto para deducir lo que significa casas. Aquí quiere decir "viviendas".*

La mayoría de las fábricas, las casas y los carros obtienen energía de los combustibles fósiles.

## Tu turno

Usa las claves de contexto para deducir el significado de la palabra. Luego piensa en cuál es su homófono.

**hay,** *página 391*

**hacen,** *página 393*

# De lectores...

La voz de un escritor es el lenguaje que escoge para mostrar su opinión sobre un tema. La voz expresa lo que el autor piensa y a través de ella comparte sus opiniones con el lector.

## Opiniones

¿Qué piensa el autor sobre las fuentes de energía alternativas? ¿Qué detalles da el autor para apoyar sus **opiniones**?

**Ejemplo modelo**

Hoy, gran parte de la energía usada en EE. UU. proviene de combustibles fósiles.

Estos se encuentran debajo de la superficie de la Tierra y se están acabando. No se reutilizan. Una vez agotados, se terminan para siempre. Por eso necesitamos fuentes alternativas para reemplazarlos.

Holger Burmeister/Alamy

# a escritores

## Marcas de corrección

☰ Mayúscula

╱ Minúscula

⊙ Insertar punto

∧ Insertar

✐ Eliminar

### Manual de gramática

Página 472
**Conjunciones e, u, y, o, ni**

Martín escribió un texto sobre la importancia de la electricidad. Lee el texto y fíjate en sus correcciones.

**Ejemplo del estudiante**

## ¡NECESITAMOS ELECTRICIDAD!

Creo que la electricidad es importante. ¡Imagínate un mundo sin ella!

∧ no tendríamos luz, ni estufas eléctricas, etc⊙ ∧ y estaríamos perdidos sin la televisión y las computadoras. La electricidad hace funcionar todas esas cosas⊙ ∧ Y ∧ También casi todas las cosas que usamos en casa. Sería triste no tener electricidad.

## Tu turno

COLABORA

☑ Identifica una opinión y los detalles que la apoyan.
☑ Identifica conjunciones.
☑ Comenta cómo las correcciones mejoraron el texto.

**¡Conéctate!**
*Escribe en el rincón del escritor.*

# Pensar una y otra vez

## La gran idea

### ¿Cómo decidimos lo que es importante?

# Nada más

Con esta moneda
me voy a comprar
un ramo de cielo
y un metro de mar,
un pico de estrella,
un sol de verdad,
un kilo de viento
y nada más.

*María Elena Walsh*

**¿? Pregunta esencial**
¿Cómo decidimos
lo que es importante?

¡Conéctate!

# Las cosas que valoramos

Pasar tiempo con mi abuelo es importante. Él comparte conmigo lo que sabe y me ayuda a aprender cosas nuevas. Él también valora el tiempo que pasamos juntos.

▶ Es valioso dedicar tiempo a las personas y aprender de ellas.

▶ Los hábitos sanos también son importantes.

## Coméntalo

Comenta en pareja qué cosas consideras valiosas. Escribe tus ideas en la tabla.

Valioso

# Vocabulario

**Mira las fotos y lee las oraciones para comentar cada palabra con un compañero o una compañera.**

### aplaudir

El público **aplaudió** a los actores.

*¿A quién puedes aplaudir también?*

### cabecera

Luisa decoró la **cabecera** de su cama con cojines.

*¿Qué más puedes poner sobre una cabecera?*

### despegar

El avión **despegó** sin problemas.

*¿Te gusta mirar cómo despegan los aviones en el aeropuerto?*

### elegancia

Sally patina con **elegancia**.

*¿Qué significa elegancia?*

**envoltura**

No se deben tirar las **envolturas** de las golosinas al piso.

¿Dónde se deben tirar las envolturas?

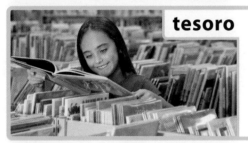

**pianista**

Un **pianista** practica en su piano muchas horas.

¿Qué movimientos hace un pianista sobre el teclado?

**tesoro**

Lila piensa que un buen libro es un **tesoro**.

Nombra algo que consideres un tesoro.

**riqueza**

Mamá dice que somos su verdadera **riqueza**.

¿Qué palabra significa lo opuesto a riqueza?

## Tu turno

COLABORA

Elige tres palabras y escribe tres preguntas para tu compañero o compañera.

*¡Conéctate!* *Usa el glosario digital ilustrado.*

# El niño pianista

María Carranza

## ¿? Pregunta esencial

**¿Cómo decidimos lo que es importante?**

Lee la historia de una niña que aprendió a valorar lo que es importante.

Un día, a la salida de la escuela, Daniela escuchó que alguien la llamaba. Cuando se dio vuelta para mirar, vio que su amigo Lucas venía corriendo con un disco compacto en una mano.

—¡Toma, Daniela, esto es para ti! —dijo Lucas todavía un poco agitado.

Daniela tomó el disco y lo miró con curiosidad. La **envoltura** era común, un sobre de papel azul con el nombre de Lucas escrito con letras blancas.

—Muchas gracias, Lucas —dijo Daniela extrañada—. ¿Qué es esto?

Lucas sonrió con orgullo y dijo:

—Es una pequeña pieza de música que he grabado.

Ese día, Daniela llegó a su casa y escuchó el disco de Lucas mientras descansaba. Le pareció que su amigo tocaba muy bien el piano. Se alegró por él. Sabía cuánto amaba la música y cuánto se esforzaba por mejorar cada día. Daniela tenía un pequeño cajón donde guardaba los discos que no usaba. No se preocupaba por ordenarlo. Dejó allí el disco de Lucas y se olvidó.

Unos meses más tarde, la carrera de Lucas comenzó a **despegar**. Ese pequeño y humilde disco había sido escuchado por muchas personas que vieron en Lucas a un gran **pianista**. Entonces Lucas empezó a recibir el llamado de músicos, de periodistas, de profesores, de gente que quería saber cuándo daría un concierto. El disco que Daniela había olvidado en un cajón, encerraba un **tesoro** que ella no había sabido apreciar.

En poco tiempo, una compañía discográfica le propuso a Lucas grabar un disco. ¡Un disco del que se harían miles de copias que se podrían conseguir en las tiendas! El niño pianista se hizo famoso gracias a su talento y su esfuerzo. Ahora daba conciertos en diferentes ciudades y el público lo **aplaudía** de pie.

Daniela estaba muy contenta por el éxito de su amigo. Un día, en la escuela, le preguntó a Lucas si tenía una copia de su último disco para regalarle. Lucas se la dio con todo gusto. A diferencia del anterior, este disco tenía una envoltura diseñada con **elegancia**. Tenía una hermosa fotografía de Lucas junto al piano, información sobre los autores de las piezas y la **riqueza** del estilo singular del pequeño pianista.

María Carranza

Esa noche, Daniela escuchó el nuevo disco de Lucas y sintió fascinación. ¡Qué orgullosa estaba de su amigo! Miró la envoltura una y otra vez y, de pronto, se acordó de aquel humilde disco que Lucas le había regalado hacía apenas un año. Daniela abrió su cajón desordenado y buscó el disco. No podía encontrarlo. Tenía muchos sin identificar y muchas envolturas vacías.

De repente, Daniela lo encontró. Suspiró aliviada. Lo escuchó nuevamente y se dio cuenta de que Lucas había hecho una excelente interpretación. Se sintió un poco enojada consigo misma. ¿Por qué no había valorado ese disco? Quizás no lo había hecho porque la envoltura no la había atraído.

Daniela sabía que acababa de aprender algo importante. Tomó la envoltura del primer disco, la enmarcó y la colgó sobre la **cabecera** de su cama. Ese sencillo sobre azul sin elegancia ni belleza le indicaba que lo importante era la música, no la envoltura. Alguien podría decirle que una envoltura enmarcada no es un cuadro bello. Sin embargo, para Daniela, lo importante era lo que representaba.

Su amigo Lucas era un gran pianista. Y sin saberlo, la había ayudado a crecer.

## ¿? Haz conexiones

¿Por qué Daniela enmarcó el sobre azul?
**PREGUNTA ESENCIAL**

¿Qué aprendiste de Daniela? **EL TEXTO Y TÚ**

# Hacer predicciones

Presta atención a los detalles del cuento para predecir lo que ocurrirá luego. ¿Fue correcta tu predicción? Sigue leyendo para comprobarlo.

 ## Busca evidencias en el texto

Daniela no prestó demasiada atención al regalo que había recibido de Lucas. ¿Qué pistas en la página 407 te ayudan a hacer una predicción sobre lo que ocurrirá después?

---

**página 407**

Un día, a la salida de la escuela, Daniela escuchó que alguien la llamaba. Cuando se dio vuelta para mirar, vio que su amigo Lucas venía corriendo con un disco compacto en una mano.

—¡Toma, Daniela, esto es para ti! —dijo Lucas todavía un poco agitado.

Daniela tomó el disco y lo miró con curiosidad. La **envoltura** era común, un sobre de papel azul con el nombre de Lucas escrito con letras blancas.

—Muchas gracias, Lucas —dijo Daniela extrañada—. ¿Qué es esto?

Lucas sonrió con orgullo y dijo:

—Es una pequeña pieza que he grabado.

Ese día, Daniela llegó a su casa y escuchó el disco de Lucas mientras descansaba. Le pareció que su amigo tocaba muy bien el piano. Se alegró por él. Sabía cuánto

---

*Leo que Daniela guardó el disco en un cajón que nunca ordenaba. Puedo predecir que no va a ser fácil encontrarlo. Ella se va a olvidar del disco en ese cajón.*

## Tu turno

COLABORA

¿Qué pasó cuando Lucas se convirtió en un pianista famoso y Daniela recordó el primer disco que le había regalado? Sigue leyendo para confirmar si tu predicción fue correcta.

# Tema

El tema de un cuento es el mensaje del autor. Presta atención a lo que hacen y dicen los personajes para poder identificar el tema.

## Busca evidencias en el texto

*Daniela deja el disco en un cajón y luego lo olvida. Después, Lucas le vuelve a regalar otro disco. ¿Qué diferencia hay entre un disco y otro? Estos detalles te ayudan a identificar el tema.*

Detalle

Daniela descubre que Lucas es muy buen pianista. Pero no valora el disco que su amigo le regaló.

Detalle

Detalle

Detalle

Tema

Lo importante era la música, no la envoltura.

### Tu turno

COLABORA

Vuelve a leer "El niño pianista". Completa el organizador gráfico con detalles que muestran el tema.

**¡Conéctate!**
*Usa el organizador gráfico interactivo.*

# Ficción realista

"El niño pianista" es una **ficción realista**. Sabemos que es una ficción realista porque tiene:

- Personajes y sucesos inventados que pueden ocurrir en la vida real.
- Diálogos sobre cosas reales.

 **Busca evidencias en el texto**

*Puedo saber que "El niño pianista" es una ficción realista porque los personajes, sus diálogos y los sucesos podrían ocurrir en la vida real.*

---

**página 407**

Un día, a la salida de la escuela, Daniela escuchó que alguien la llamaba. Cuando se dio vuelta para mirar, vio que su amigo Lucas venía corriendo con un disco compacto en una mano.

—¡Toma, Daniela, esto es para ti! —dijo Lucas todavía un poco agitado.

Daniela tomó el disco y lo miró con curiosidad. La **envoltura** era común, un sobre de papel azul con el nombre de Lucas escrito con letras blancas.

—Muchas gracias, Lucas —dijo Daniela extrañada—. ¿Qué es esto?

Lucas sonrió con orgullo y dijo:

—Es una pequeña pieza que he grabado.

Ese día, Daniela llegó a su casa y escuchó el disco de Lucas mientras descansaba. Le pareció que su amigo tocaba muy bien el piano. Se alegró por él. Sabía cuánto amaba la música y cuánto se esforzaba por mejorar cada día. Daniela tenía un pequeño cajón donde guardaba los discos que no usaba. No se preocupaba por ordenarlo. Dejó allí el disco de Lucas y se olvidó.

**Diálogo** En el diálogo los personajes del cuento hablan entre ellos sobre sucesos que pueden ser reales.

**Ilustraciones** Las ilustraciones en el cuento muestran cosas y personas que pueden existir en la vida real.

---

**Tu turno**

Busca otros ejemplos que muestran que "El niño pianista" es una ficción realista.

COLABORA

# Raíces de palabras

La raíz es la parte más simple de una palabra. Si identificas la raíz de una palabra desconocida, esto te ayuda a saber su significado.

## Busca evidencias en el texto

*Veo en la página 409 la palabra* fascinación. *La raíz de* fascinación *es* fascin-. *Sé que el verbo* fascinar *significa "atraer irresistiblemente", entonces, "fascinación" debe significar "una enorme atracción por algo".*

Esa noche, Daniela escuchó el nuevo disco de Lucas y sintió fascinación.

## Tu turno

¿Cuál es la raíz de estas palabras? ¿Y cuál su significado?

**pianista,** *página 408*

**cabecera,** *página 409*

# De lectores...

Los escritores usan oraciones cortas y largas para lograr que sus textos sean más interesantes para el lector. Vuelve a leer este párrafo de "El niño pianista".

**Ejemplo modelo**

## Longitud de oraciones

Busca **oraciones cortas y largas**. ¿Cómo ayudan a que la escritura sea más interesante?

Daniela estaba muy contenta por el éxito de su amigo. Un día, en la escuela, le preguntó a Lucas si tenía una copia de su último disco para regalarle. Lucas se la dio con todo gusto. A diferencia del anterior, este disco tenía una envoltura diseñada con elegancia, con una hermosa fotografía de Lucas junto al piano, información sobre los autores de las piezas y la riqueza del estilo singular del pequeño pianista.

# a escritores

Nora escribió sobre un objeto que valora. Fíjate en las correcciones que hizo.

**Marcas de corrección**

≡ Mayúscula
/ Minúscula
⊙ Agregar punto
∧ Insertar
⌐ Eliminar

**Manual de gramática**

Página 472
**El adjetivo calificativo y numeral**

**Ejemplo del estudiante**

## MI OSITO

Yo tengo un osito. ¡Qué lindo y suavecito! —dicen todos— ¿Puedo tocarlo?

No hablan de una mascota. ¡Es mi oso de Peluche! es muy valioso para mí. Está un poco gastado porque tiene cuatro años. Me lo regaló mi abuela Rosalba antes de mudarse cerca lejos y, cuando juego con él, la recuerdo.

## Tu turno

- ☑ Identifica oraciones cortas y largas.
- ☑ Identifica adjetivos calificativos y numerales.
- ☑ Explica cómo mejoró el texto con las correcciones.

**¡Conéctate!**
*Escribe en el rincón del escritor.*

**Pregunta esencial**
¿Cómo nos afecta el tiempo?

¡Conéctate!

Ryan McVay/Lifesize/Getty Images

# EL TIEMPO NOS AFECTA

¿Cómo está el tiempo? Mira el pronóstico del tiempo en la televisión o sal de casa para averiguarlo. Es importante saber cómo está el tiempo.

► El tiempo es lo que está ocurriendo afuera ahora.

► Influye en cómo nos vestimos y en lo que hacemos.

► A veces el tiempo tiene una influencia enorme en el modo en que vivimos.

## Coméntalo

Escribe palabras relacionadas con el tiempo. Habla con tu pareja acerca de cómo te afecta el tiempo.

417

# Vocabulario

**Mira las fotos y lee las oraciones para comentar cada palabra con un compañero o una compañera.**

**alivio**

Fue un **alivio** que mi mamá encontrara a mi perro sano y salvo.

¿En alguna ocasión sentiste alivio por algo?

**condición**

El paraguas de Mark se rompió debido a las **condiciones** del tiempo.

¿Cómo son las condiciones del tiempo en invierno?

**discutir**

A James y su abuelo les gusta mirar películas y **discutir** sobre ellas.

¿Qué palabra significa lo opuesto a discutir?

**estupefacto**

Tammy y Kim se quedaron **estupefactos** al encontrar un insecto tan grande.

¿Cuál es el sinónimo de estupefacto?

## prohibir

Hay carteles que **prohíben** nadar en la laguna.

¿Conoces otros carteles que prohíben cosas?

## pronóstico

Según el **pronóstico** del tiempo, hoy será un día cálido y soleado.

¿Por qué miramos el pronóstico del tiempo?

## quejarse

Ben **se quejó** durante la cena porque no le gustan los chícharos.

Comenta una ocasión en la que te quejaste por algo.

## varado

El barco se quedó **varado** a causa de una tormenta.

¿Por qué un barco puede quedar varado?

## Tu turno

COLABORA

Elige tres palabras y escribe tres preguntas para tu compañero o compañera.

**¡Conéctate!** Usa el glosario digital ilustrado.

# La gran tormenta

 **Pregunta esencial**

**¿Cómo nos afecta el tiempo?**

Lee acerca de cómo una tormenta de nieve en la ciudad de Nueva York afecta a la familia Hernández.

Rosa y Eddie se sentaron bien cerca de la radio y escucharon atentamente la voz ronca del locutor.

"¡La tormenta de 1947 es la tormenta de nieve más importante de la historia de Nueva York! La enorme cantidad de nieve y las terribles **condiciones** climáticas provocaron ayer la clausura del metro desde Wall Street hasta Spanish Harlem. Los padres **prohíben** a sus hijos salir de sus casas porque es muy peligroso. El **pronóstico** del tiempo para hoy indica que dejará de nevar. Mientras tanto, el alcalde O'Dwyer ha enviado el siguiente mensaje a todos los ciudadanos de Nueva York: *Ayúdense unos a otros durante la catástrofe*".

—¡Ay, mamá! —susurró Rosa—. ¿Podrá volver papá del trabajo?

La mamá le dio un fuerte abrazo y le dijo:

—Seguramente todavía no puede salir del trabajo para volver a casa. Debe estar **varado**, pero no te preocupes. Ya dejará de nevar y estoy convencida de que llegará pronto.

La mamá fue a la cocina para preparar el almuerzo. Volvió con su abrigo y una bufanda.

—Nos quedamos sin leche y sin pan, así que tendré que ir a la tienda de María —dijo la mamá.

Rosa y Eddie se levantaron de un salto y le suplicaron que les permitiera ir con ella. Hacía dos días que no salían porque nevaba demasiado.

—No —les contestó la mamá—. Hace mucho frío.

Rosa y Eddie sabían que no debían **discutir** con su mamá, pero estaban cansados de estar encerrados.

—¡Por favor, mamá! ¡Llévanos contigo! Podemos ir los tres juntos a la tienda —dijo Eddie.

—Está bien —accedió la mamá y los niños aplaudieron porque se habían salido con la suya—. Pero tenemos que ir bien juntos y no separarnos ni por un minuto.

La mamá ayudó a Rosa y a Eddie a abrigarse con su ropa de lana, que era incómoda pero calentita. Cuando salieron, quedaron **estupefactos**, con la boca abierta, al ver una pared de nieve de varios pies de altura. Por suerte llegó su vecino, el señor Colón, con dos palas de metal.

—¿Quién me quiere dar una mano para palear la nieve? —preguntó.

Se turnaron para ayudar. Era una tarea difícil, pero ninguno se **quejó**. Cuando terminaron, vieron la tienda de María todavía llena de nieve. La señora Sánchez estaba tratando de quitarla con una escobita.

—Señor Colón, ¿sería tan amable de prestarnos sus palas, por favor? —le preguntó Rosa.

—Creo que tenemos que ayudar a la señora Sánchez.

Despejar el camino al frente de la tienda era una tarea sencilla. Fue pan comido para Rosa y Eddie. También se rieron y se arrojaron bolas de nieve. La señora Sánchez estaba muy agradecida por su ayuda.

—Gracias —les dijo, y le regaló leche y pan a la mamá para mostrar su agradecimiento.

Mientras Rosa y Eddie cruzaban la calle para volver a su casa, oyeron una voz grave y familiar.

—¿Esos son mis hijitos?

—¡Papá! —gritaron los niños y corrieron a abrazarlo. Rosa le contó cómo habían ayudado a sus vecinos.

—Qué **alivio** estar finalmente en casa —dijo el papá—. Estoy orgulloso de ustedes por haber ayudado a nuestros vecinos.

## ¿? Haz conexiones

¿De qué manera afectó el tiempo a la familia Hernández? **PREGUNTA ESENCIAL**

Comenta una ocasión en la que tú o tu familia ayudaron a alguien cuando hacía mal tiempo. **EL TEXTO Y TÚ**

Stacey Schuett

# Hacer predicciones

Usa detalles del cuento para predecir lo que sucederá después. ¿Es correcta tu predicción? Sigue leyendo para comprobarlo. Si no es correcta, cámbiala.

 **Busca evidencias en el texto**

Es posible que hayas hecho una predicción sobre el papá mientras leías "La gran tormenta". ¿Qué detalles de la página 421 te sirvieron para predecir lo que sucedería?

**página 421**

**pronóstico** del tiempo para hoy indica que dejará de nevar. Mientras tanto, el alcalde O'Dwyer ha enviado el siguiente mensaje a todos los ciudadanos de Nueva York: *Ayúdense unos a otros durante la catástrofe"*.

—¡Ay, mamá! —susurró Rosa—. ¿Podrá volver papá del trabajo?

La mamá le dio un fuerte abrazo y le dijo:

—Seguramente todavía no puede salir del trabajo para volver a casa. Debe estar **varado**, pero no te preocupes. Ya dejará de nevar y estoy convencida de que llegará pronto.

La mamá fue a la cocina para preparar el almuerzo. Volvió con su abrigo y una bufanda.

—Nos quedamos sin leche y sin pan, así que tendré que ir a la tienda de María —dijo la mamá.

*Predije que el papá llegaría pronto a la casa. Leí que el* <u>locutor de la radio había dicho que la tormenta se terminaría.</u> <u>La mamá le dijo a Rosa que estaba convencida de que él llegaría pronto.</u> *Seguiré leyendo para comprobar mi predicción.*

**COLABORA**

## Tu turno

¿Qué predicción hiciste cuando el Sr. Colón llegó con dos palas de metal? Lee la página 422. ¿Era correcta tu predicción? ¿Tuviste que corregirla?

# Tema

El tema de un cuento es el mensaje de su autor. Piensa en qué dicen y hacen los personajes. Esto te ayudará a deducir el tema.

 ## Busca evidencias en el texto

*En "La gran tormenta," el alcalde O'Dwyer les pide a los ciudadanos que se ayuden unos a otros. Creo que es un detalle importante sobre el tema. Seguiré leyendo para buscar más detalles sobre las acciones de los personajes. Entonces podré deducir cuál es el tema del cuento.*

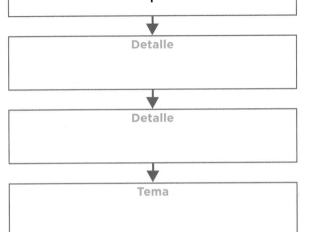

Detalle

El mensaje del alcalde O'Dwyer para todos los ciudadanos es: "Ayúdense unos a otros durante la catástrofe".

Detalle

La familia Hernández ayuda al Sr. Colón a palear nieve.

Detalle

Detalle

Tema

 COLABORA

## Tu turno

Vuelve a leer "La gran tormenta". Busca más detalles importantes y escríbelos en tu organizador gráfico. Luego usa los detalles para deducir cuál es el tema del cuento.

**¡Conéctate!**
*Usa el organizador gráfico interactivo.*

425

# Ficción histórica

"La gran tormenta" es un texto de ficción histórica.

La **ficción histórica:**

- Es un relato inventado que ocurre en el pasado.
- Contiene ilustraciones donde se muestra el ambiente y cómo vivía la gente; suelen crear una atmósfera.

## Busca evidencias en el texto

*Me doy cuenta de que es un texto de ficción histórica porque los personajes y los sucesos son inventados. El cuento está basado en sucesos reales que ocurrieron en Nueva York en 1947.*

**página 422**

Rosa y Eddie sabían que no debían **discutir** con su mamá, pero estaban cansados de estar encerrados.

—¡Por favor, mamá! ¡Llévanos contigo! Podemos ir los tres juntos a la tienda —dijo Eddie.

—Está bien —accedió la mamá y los niños aplaudieron porque se habían salido con la suya—. Pero tenemos que ir bien juntos y no separarnos ni por un minuto.

La mamá ayudó a Rosa y a Eddie a abrigarse con su ropa de lana, que era incómoda pero calentita. Cuando salieron, quedaron **estupefactos**, con la boca abierta, al ver una pared de nieve de varios pies de altura. Por suerte llegó su vecino, el señor Colón, con dos palas de metal.

—¿Quién me quiere dar una mano para palear la nieve? —preguntó.

Se turnaron para ayudar. Era una tarea difícil, pero ninguno **se quejó**. Cuando terminaron, vieron la tienda de María todavía llena de nieve. La señora Sánchez estaba tratando de quitarla con una escobita.

—Señor Colón, ¿sería tan amable de prestarnos sus palas, por favor? —le preguntó Rosa.

422

La historia y los personajes son inventados, pero los sucesos podrían haber ocurrido en la vida real. Los sucesos que se narran en la ficción histórica ocurrieron hace mucho tiempo.

Las ilustraciones muestran detalles del ambiente y de cómo vivía la gente.

## Tu turno

Busca dos detalles del pasado. Comenta por qué "La gran tormenta" es un cuento de ficción histórica.

# Modismos

Un modismo es una expresión formada por un grupo de palabras que toman un significado diferente. La frase *llover a cántaros* es un modismo. No significa que alguien esté arrojando agua con unos cántaros para provocar la lluvia. La expresión quiere decir que está lloviendo mucho.

 **Busca evidencias en el texto**

*En la página 423, la frase* fue pan comido *es un modismo. Puedo usar claves del cuento como ayuda para deducir que significa* "fue muy fácil".

> Despejar el camino al frente de la tienda era una tarea sencilla. Fue <u>pan comido</u> para Rosa y Eddie.

## Tu turno

Comenta estos modismos que aparecen en "La gran tormenta".

**se habían salido con la suya,** *página 422*

**con la boca abierta,** *página 422*

**dar una mano,** *página 422*

Stacey Schuett

# De lectores...

Los escritores usan palabras de enlace para mostrar en qué se parecen y en qué se diferencian las ideas. Por ejemplo *y, entonces, además, pero* y *más* son palabras de enlace. Vuelve a leer el pasaje de "La gran tormenta".

**Palabras de enlace**

¿Dónde usa el autor **palabras de enlace** para conectar o comparar ideas?

**Ejemplo modelo**

La mamá le dio un fuerte abrazo a Rosa y le dijo:

—Seguramente todavía no puede salir del trabajo para volver a casa. Debe estar varado, pero no te preocupes. Ya dejará de nevar y estoy convencida de que volverá pronto a casa.

La mamá fue a la cocina para preparar el almuerzo. Volvió con su abrigo y una bufanda.

—Nos quedamos sin leche y sin pan, así que tendré que ir a la tienda de María —dijo la mamá.

Stacey Schuett

428

# a escritores

Maggie escribió un texto sobre su experiencia durante un huracán. Lee sus correcciones.

### La noche del huracán

(ort.) La noche del huracán

Á (Angela) dijo que el huracán

llegaría a la ciudad por la mañana, pero

llegó en medio de la noche. el viento

y la lluvia golpeaban en su ventana

y la despertaron. Era una tormenta

intensas. Sin embargo, No estaba asustado a

porque sabía que en su casa

estaba segura. Además, su mamá y

su s hermanos estaban cerca. Ellos la

ayudaron a ser valiente.

## Marcas de corrección

≡ mayúscula

/ minúscula

(ort.) revisar ortografía

∧ insertar

⸾ eliminar

## Manual de gramática

Página 472

**Concordancia entre adjetivo y sustantivo**

## Tu turno

☑ Identifica las palabras de enlace.

☑ Identifica casos de concordancia entre adjetivos y sustantivos.

☑ Comenta cómo las correcciones mejoraron el texto.

**¡Conéctate!**
*Escribe en el rincón del escritor.*

## Pregunta esencial

### ¿Cómo conseguimos lo que anhelamos?

¡Conéctate!

Vladimir Rys/Stringer/Getty Images Sport/Getty Images

# ¡ÉXITO!

Kayla tenía una meta. Quería ganar la carrera en las Olimpiadas especiales. Su meta era importante para ella y, por eso, se esforzó mucho. Ahora, Kayla se siente muy orgullosa de sí misma.

▶ Las metas son importantes.

▶ Nos ayudan a enfocarnos y aprender cosas nuevas.

▶ Alcanzar las metas nos hace sentir bien con nosotros mismos.

## Coméntalo

Escribe palabras que hayas aprendido sobre las metas. Habla en pareja sobre por qué son importantes las metas.

# Vocabulario

**Mira las fotos y lee las oraciones para comentar
cada palabra con un compañero o una compañera.**

### aplomo

La profesora mostró un gran **aplomo**
frente a la clase.

¿En qué situaciones se necesita actuar
con aplomo?

### culto

Para ser **culto** hay que leer mucho.

¿Qué otras cosas puedes hacer para
ser una persona culta?

### distinguir

En la oscuridad es difícil **distinguir**
los colores.

¿Puedes distinguir una moneda
verdadera de una falsa?

### entereza

Los bomberos actúan con **entereza** en
los incendios.

¿Cuándo debes actuar con entereza?

**laborioso**

Lavar y doblar la ropa es una tarea **laboriosa**.

¿En qué actividad has trabajado de manera laboriosa?

**meta**

Nick alcanzó su **meta** y aprendió a nadar.

¿Cuáles son tus metas?

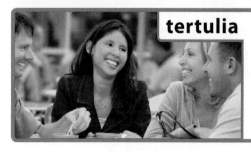

**motivar**

Juan está **motivado** para tocar la guitarra, por eso practica todos los días.

Nombra cosas que te han motivado.

**tertulia**

Hubo una **tertulia** de escritores el sábado por la tarde.

¿Qué palabra es un sinónimo de tertulia?

## Tu turno

**COLABORA**

Elige tres palabras y escribe tres preguntas para tu compañero o compañera.

*¡Conéctate!* *Usa el glosario digital ilustrado.*

(t) Jupiterimages/Brand X Pictures/Getty Images; (tc) Juanmonino/the Agency Collection/Getty Images; (bc) photosindia/Getty Images; (b) Don Hammond/Design Pics Inc.

# HACIA EL ESPACIO

## Pregunta esencial

### ¿Cómo conseguimos lo que anhelamos?

Lee cómo un hombre usó su educación y experiencia para alcanzar sus metas.

Cuando era niño, a James A. Lovell Jr. le encantaba construir cohetes y lanzarlos hacia el cielo. Pero sus sueños iban mucho más allá. Al igual que tantos otros niños que crecieron en los años 30, Lovell soñaba con ser piloto. Cuando observaba sus cohetes elevarse, sabía que algún día, si trabajaba con **entereza**, él también lograría emprender el vuelo.

## SUEÑOS DE ALTO VUELO

Lovell nació en Cleveland, Ohio, en 1928. Era un hombre muy **culto**. Estudiaba mucho y quería asistir a un colegio especial para estudiar **astronomía** y aprender sobre cohetes. Como no tenía suficiente dinero, debía buscar otra forma de alcanzar su **meta**.

Lovell estaba **motivado** para hallar la forma de volar en cohetes. Durante dos años asistió a un colegio cerca de su casa. Luego se inscribió en la Academia Naval de Estados Unidos para recibir entrenamiento en vuelos. Después de cuatro años, se unió a la Armada de Estados Unidos como piloto naval de pruebas. Su tarea era volar los aviones antes que cualquier otra persona.

NASA

**James A. Lovell, Jr. se convirtió en astronauta en 1962. Voló en cuatro misiones espaciales.**

435

## DE PILOTO A ASTRONAUTA

Lovell pasó más de la mitad de sus horas de vuelo en aviones a reacción. Les enseñó a otros pilotos a volar. También trabajó como especialista en seguridad de vuelo. Al poco tiempo, la NASA buscaba astronautas. Lovell se postuló para el empleo porque contaba con el **aplomo** necesario y las habilidades para volar al espacio. La NASA lo seleccionó. En 1962, James Lovell había alcanzado su meta de convertirse en astronauta.

## GRANDES DESAFÍOS

Lovell voló en tres misiones espaciales, y luego, en abril de 1970, se convirtió en comandante de la misión Apolo 13. Fue uno de los mayores **desafíos** en la vida de Lovell.

La Apolo 13 debía aterrizar en la Luna. Sin embargo, después de dos días de haber despegado, la nave tuvo un problema grave.

Uno de los tanques de oxígeno explotó. La tripulación no tenía suficiente energía ni aire para respirar. No podían llegar a la Luna.

Lovell se comunicó con los expertos de la NASA. Al principio, nadie sabía qué hacer. Luego, el equipo en la base llevó a cabo una investigación y una serie de **tertulias** para encontrar una solución. Los astronautas siguieron las indicaciones y construyeron un invento **laborioso** en la nave. Utilizaron bolsas de plástico, cartón y cinta adhesiva. ¡El esfuerzo dio resultados y lograron que el aire en la nave se limpiara! Sin embargo, el otro problema era aún mayor. ¿De qué manera volverían a la Tierra?

El equipo de la NASA trabaja para resolver el problema de la Apolo 13.

## UN TRABAJO BIEN HECHO

El equipo de la NASA decidió que los astronautas usaran el módulo **lunar** como bote salvavidas. James y los otros dos astronautas subieron a la nave más pequeña y cerraron firmemente la escotilla. Desde la ventana podían **distinguir** cómo se alejaban de la nave principal.

El viaje de regreso fue peligroso y aterrador. Durante casi cuatro días, viajaron en una cápsula estrecha. Tenían frío, sed y hambre. Con millones de personas mirando por televisión, el módulo cayó a la Tierra.

Años más tarde, James Lovell dijo que la Apolo 13 le había enseñado lo importante que era trabajar en equipo. Su recuerdo favorito era cuando la cápsula aterrizó en el océano Pacífico y el buzo golpeó la ventana para que supieran que estaban a salvo.

**La tripulación de la Apolo 13 aterrizó a salvo el 17 de abril de 1970.**

## UN SUEÑO HECHO REALIDAD
### ¿HAS SOÑADO CON IR AL ESPACIO? ¡MIRA EL CAMPAMENTO ESPACIAL!

Los campamentos espaciales existen desde hace más de 30 años. Hacen que las ciencias, las matemáticas y la tecnología sean divertidas, de modo que los niños deseen aprender más. Como programas de entrenamiento de la NASA, estos campamentos enseñan la importancia del trabajo en equipo y del liderazgo.

## ¿? Haz conexiones

¿Cómo ayudaron a James las metas que tenía cuando era niño? **PREGUNTA ESENCIAL**

¿Qué meta tienes y cómo puedes lograrla? **EL TEXTO Y TÚ**

# Volver a leer

Piensa en el texto mientras lees. ¿Hay nuevos datos e ideas? ¿Tienen sentido? Vuelve a leer el texto para asegurarte de que hayas comprendido.

## Busca evidencias en el texto

¿Comprendiste todo lo que hizo James A. Lovell, Jr. para convertirse en piloto? Vuelve a leer "Sueños de alto vuelo" en la página 435.

**página 435**

a un colegio especial para estudiar **astronomía** y aprender sobre cohetes. Como no tenía suficiente dinero, debía buscar otra forma de alcanzar su **meta**.

Lovell estaba **motivado** para hallar la forma de volar en cohetes. Durante dos años asistió a un colegio cerca de su casa. Luego se inscribió en la Academia Naval de Estados Unidos para recibir entrenamiento en vuelos. Después de cuatro años, se unió a la Armada de Estados Unidos como piloto naval de pruebas. Su tarea era volar los aviones antes que cualquier otra persona.

*Leo que James Lovell fue a la universidad y luego a la Academia Naval de Estados Unidos. Se inscribió para un entrenamiento de vuelo y se convirtió en piloto naval de pruebas. James Lovell se convirtió en piloto estudiando mucho en la escuela. Nunca se rindió.*

## Tu turno

¿Cómo ayudó James Lovell a traer la nave espacial Apolo 13 de regreso a casa? Vuelve a leer las páginas 436 y 437.

NASA

# Problema y solución

Algunos textos informativos describen un problema,
indican los pasos a seguir y dan la solución. Las palabras
clave, como *problema*, *solución*, *resolver* y *como resultado*
indican que hay un problema y muestran cómo resolverlo.

## Busca evidencias en el texto

*James quería volar cohetes pero no tenía suficiente dinero
para ir a una universidad especial. Ese era su problema. ¿Qué
pasos siguió para resolver el problema? ¿Cuál fue la solución?*

**Problema**

James quería volar cohetes pero
no tenía suficiente dinero para ir
a una universidad especial.

↓

James fue a la universidad
cerca de su casa.

↓

Se convirtió en piloto
de pruebas.

↓

↓

**Solución**

## Tu turno

Vuelve a leer "Grandes
desafíos". ¿Cuál fue el
problema de James Lovell
en Apolo 13? Busca los
pasos que siguió para
resolverlo y escríbelos en el
organizador gráfico. Luego,
escribe la solución.

*¡Conéctate!*
*Usa el organizador gráfico interactivo.*

# Biografía

"Hacia el espacio" es una **biografía** porque:
- Cuenta la historia de la vida de una persona real.
- Está escrita por otra persona.
- Incluye características, fotografías y pies de fotos.

## Busca evidencias en el texto

*Puedo decir que "Hacia el espacio" es una biografía. Es la historia de la vida de James Lovell. Tiene fotografías con pies de fotos y palabras clave que son importantes para la biografía.*

**página 436**

### DE PILOTO A ASTRONAUTA

Lovell pasó más de la mitad de sus horas de vuelo en aviones a reacción. Les enseñó a otros pilotos a volar. También trabajó como especialista en seguridad de vuelo. Al poco tiempo, la NASA buscaba astronautas. Lovell se postuló para el empleo porque contaba con el **aplomo** necesario y las habilidades para volar al espacio. La NASA lo seleccionó. En 1962, James Lovell había alcanzado su meta de convertirse en astronauta.

### GRANDES DESAFÍOS

Lovell voló en tres misiones espaciales, y luego, en abril de 1970, se convirtió en comandante de la misión Apolo 13. Fue uno de los mayores **desafíos** en la vida de Lovell.

La Apolo 13 debía aterrizar en la Luna. Sin embargo, después de dos días de haber despegado, la nave tuvo un problema grave.

Uno de los tanques de oxígeno explotó. La tripulación no tenía suficiente energía ni aire para respirar. No podían llegar a la Luna.

Lovell se comunicó con los expertos de la NASA. Al principio, nadie sabía qué hacer. Luego, el equipo en la base llevó a cabo una investigación y una serie de **tertulias** para encontrar una solución. Los astronautas siguieron las indicaciones y construyeron un invento **laborioso** en la nave. Utilizaron bolsas de plástico, cartón y cinta adhesiva. ¡El esfuerzo dio resultados y lograron que el aire en la nave se limpiara! Sin embargo, el otro problema era aún mayor. ¿De qué manera volverían a la Tierra?

El equipo de la NASA trabaja para resolver el problema de la Apolo 13.

436

## Características

**Palabras clave**  Las palabras clave son palabras importantes. Están en negrilla.

**Fotografías**  Las fotografías y pies de fotos muestran más detalles sobre los sucesos en la vida de la persona.

## Tu turno

COLABORA

Busca otra palabra clave. ¿Por qué esta palabra es importante en la biografía de James Lovell?

# Raíces latinas y griegas

Muchas palabras contienen raíces griegas o latinas. La raíz griega *astro* significa "estrella", y la raíz latina *nauta* significa "navegante". La raíz latina *labor* significa "trabajo".

## Busca evidencias en el texto

*En la página 435 veo la palabra* astronomía. *Recuerdo que* astro *proviene de una raíz griega que significa "estrella". Pienso que* astronomía *debe estar relacionada con las estrellas. Puede significar "el estudio de las estrellas".*

Estudiaba mucho y pensaba asistir a una universidad especial para estudiar **astronomía** y aprender sobre cohetes.

## Tu turno

Usa las raíces griegas o latinas para averiguar el significado de cada palabra.

**astronauta,** *página 436*
**laborioso,** *página 436*

# De lectores...

Los escritores organizan sus ideas antes de escribir. Poner las ideas en orden hace que el texto sea más claro y ayuda al lector a entenderlo. Vuelve a leer este párrafo de "Hacia el espacio".

## Ideas en orden

¿Cómo te ayuda a entender el texto la manera en que el autor ordena las ideas?

Lovell se comunicó con los expertos de la NASA. Al principio, nadie sabía qué hacer. Luego, el equipo en la base llevó a cabo una investigación y una serie de tertulias para encontrar una solución. Los astronautas siguieron las indicaciones y construyeron un invento laborioso en la nave. Utilizaron bolsas de plástico, cartón y cinta adhesiva. ¡El esfuerzo dio resultados y lograron que el aire en la nave se limpiara! Sin embargo, el otro problema era aún mayor. ¿De qué manera volverían a la Tierra?

NASA

# a escritores

## Marcas de corrección

≡ Mayúscula

/ Minúscula

⊙ Agregar punto

∧ Insertar

↗ Eliminar

Nora escribió un texto sobre la importancia de ir a la escuela. Fíjate en sus correcciones.

## Manual de gramática

Página 472
**El adjetivo: posesivo y demostrativo**

**Ejemplo del estudiante**

## La escuela es importante

Mi nombre es Nora. Soy Mexicana. Yo creo que es muy importante ir a la escuela⊙ Cuando
empecé ~~el~~ Jardín de infantes, no sabía leer. aprendí a leer, escribir, hacer operaciones matemáticas y comprender las ciencias. ~~Estoy~~ Ahora que en tercer grado este conocimiento me ayudó a hacer todo muy ~~bueno~~ bien.

## Tu turno

COLABORA

- ☑ Identifica el orden de las ideas.
- ☑ Identifica el adjetivo posesivo y demostrativo.
- ☑ Explica cómo mejoró el texto con las correcciones.

**¡Conéctate!**
*Escribe en el rincón del escritor.*

443

**Pregunta esencial**

¿Cómo conocer mejor a los animales para respetarlos?

¡Conéctate!

Peter Dazeley/Photographer's Choice/Getty Images

# Respeta a los animales

Mi nombre es Max y soy un Búho Real. Mi trabajo aquí en la reserva natural es ayudar a los chicos, como Nora, a aprender todo sobre los búhos. Todos los animales merecen respeto.

Aprender sobre los animales te ayuda a respetarlos.

Cuanto más sabes sobre animales, más cosas puedes hacer para ayudarlos.

## Comentar

Escribe palabras que se relacionan con el respeto a los animales. Habla con tu pareja sobre cómo puedes ayudar a proteger a los animales.

Respeta a los animales.

Taylor S. Kennedy/National Geographic RF/Getty Images

# Vocabulario

**Mira las fotos y lee las oraciones para comentar cada palabra con un compañero o una compañera.**

**amenazado**

El panda gigante es un animal **amenazado** y necesita protección.

*¿Puedes nombrar otro animal amenazado?*

**desprevenido**

La familia estaba **desprevenida** cuando se dieron cuenta de que una jirafa los estaba observando.

*¿Cuál es el antónimo de desprevenido?*

**fabuloso**

Maya creía que las mariposas en su camiseta eran **fabulosas**.

*¿Qué cosas te parecen fabulosas?*

**fauna**

Las cebras son un tipo de **fauna** que vive en África.

*¿Qué tipo de fauna vive cerca de tu hogar?*

## habitar

El alce **habita** en el bosque y se baña en el lago.

¿Qué animales habitan en el océano?

## ilegal

El cartel dice que nadar aquí es **ilegal**, porque la playa está cerrada.

¿Qué palabra significa lo opuesto a ilegal?

## requisito

Comer es un **requisito** indispensable.

¿Qué otros requisitos tienen los seres vivos?

## respetar

Los jugadores **respetaban** a su entrenador de fútbol porque era inteligente y justo.

¿A quién respetas en tu escuela?

COLABORA

## Tu turno

Elige tres palabras y escribe tres preguntas para tu compañero o compañera.

*¡Conéctate!* Usa el glosario digital ilustrado.

# Mariposas y maripositas

## ¿? Pregunta esencial

**¿Cómo conocer mejor a los animales para respetarlos?**

Lee sobre cómo respetando las mariposas podemos ayudarlas a sobrevivir.

**A las mariposas monarca les gusta posarse en los mismos árboles cuando migran de un lugar a otro.**

Hay más de 725 especies, o tipos, de mariposas revoloteando por Estados Unidos y Canadá. Estas criaturas **fabulosas** saborean las hojas de las plantas con sus patas, y sólo pueden ver los colores rojo, amarillo y verde. La mariposa monarca y la mariposa azul pigmea del oeste comparten estos rasgos, pero, a su vez, son diferentes en muchos sentidos.

## Tamaño y color

La mariposa azul pigmea del oeste es la más pequeña del mundo. Sólo mide media pulgada desde la punta de un ala a la otra. Eso quiere decir que es más pequeña que una moneda de diez centavos. Las mariposas monarca son mucho más grandes. Miden poco más de 4 pulgadas de ancho.

El tamaño no es lo único que diferencia a las monarca de las pigmeas. Las monarca son de color naranja claro con marcas negras. Por ese motivo, resulta fácil verlas. Las pigmeas son, en su mayoría, marrones y azules, y se mezclan con el entorno. Muchas personas siguen de largo sin verlas, **desprevenidas** de que las pigmeas están allí.

El diagrama muestra las partes de una mariposa.

**Mariposa azul pigmea del oeste**

ala
antena
cabeza
abdomen
pata
tórax

(t) Don Farrall/Photographer's Choice RF/Getty Images; (bl) Richard Ellis/Contributor/Getty Images News/Getty Images; (br) Charles Melton/Alamy; (bkgd) Don Hammond/Design Pics

### Revoloteando

Casi todas las mariposas migran, o se trasladan a zonas diferentes. El recorrido de la monarca representa la migración más larga de todas las mariposas del mundo. Pasa los veranos en el norte de Estados Unidos y Canadá y al comenzar el otoño, migra hacia México. Muchas viajan más de 3,000 millas.

Las mariposas pigmeas **habitan** los desiertos y pantanos del sudoeste, desde California hasta Texas. Migran distancias cortas hacia el norte, a Oregón, y hacia Arkansas y Nebraska.

Tanto las monarca como las pigmeas, migran cuando el clima se torna frío. Las mariposas son insectos de sangre fría. Tienen calor cuando hace calor y frío cuando hace frío. Por eso, migran en busca de calor. También viajan al norte o al sur por su alimento.

### ¿Dónde encuentran su alimento?

Las mariposas azules pigmeas beben el néctar de muchos tipos de flores, un líquido dulce y espeso que se encuentra fácilmente. Por lo tanto, su población ha ido creciendo, a diferencia de las mariposas monarca.

**Esta mariposa azul pigmea del oeste se detuvo para comer.**

## La migración de las mariposas

CANADÁ

Grandes Lagos

ESTADOS UNIDOS

Océano Pacífico

MÉXICO

**Leyenda del mapa**

← Ruta de migración de las mariposas monarca

← Ruta de migración de las pigmeas del oeste

Al igual que las pigmeas del oeste, las monarca beben el néctar de las flores, pero hay un **requisito** fundamental que deben consumir: el algodoncillo. Deben encontrar esta planta en su ruta. Pero, ¿qué pasa si no hay?

Cuando la gente construye casas y carreteras, hay menos lugares donde pueden hallar algodoncillo. Si no logran encontrar alimento, su población se reducirá. Hoy en día, las mariposas monarca y las pigmeas del oeste no están **amenazadas** o en riesgo de extinción, pero los biólogos están preocupados. Muchas mariposas están amenazadas porque sus hábitats están desapareciendo.

## Ayudemos a las mariposas

Al igual que el resto de la **fauna**, la mariposa monarca y la pigmea del oeste necesitan ser **respetadas**. Es necesario preservar los hábitats de las mariposas. Para ayudar, pueden tratar de cambiar las leyes, plantar algodoncillo o intentar que se considere **ilegal** destruir sus hábitats.

Es importante saber lo que necesitan para sobrevivir para poder ayudarlas. Así, las generaciones futuras podrán disfrutar de ellas.

**Las mariposas monarca se alimentan de algodoncillo.**

##  Hacer conexiones

¿Cómo podemos aprender a respetar a las mariposas? **PREGUNTA ESENCIAL**

Habla sobre las mariposas que hayas visto. ¿En qué se parecen y en qué se diferencian? **EL TEXTO Y TÚ**

# Volver a leer

Haz una pausa y reflexiona sobre el texto a medida que vas leyendo. ¿Hay datos e ideas nuevas? ¿Tienen sentido? Vuelve a leer para asegurarte de que lo entiendes.

## Busca evidencias en el texto

¿Comprendes las diferencias entre la mariposa monarca y la mariposa azul pigmea del oeste? Vuelve a leer "Tamaño y color", en la página 449.

---

**página 449**

Hay más de 725 especies, o tipos, de mariposas revoloteando por Estados Unidos y Canadá. Estas criaturas **fabulosas** saborean las hojas de las plantas con sus patas, y sólo pueden ver los colores rojo, amarillo y verde. La mariposa monarca y la mariposa azul pigmea del oeste comparten estos rasgos, pero, a su vez, son diferentes en muchos sentidos.

**Tamaño y color**

La mariposa azul pigmea del oeste es la más pequeña del mundo. Sólo mide media pulgada desde la punta de un ala a la otra. Eso quiere decir

que es más pequeña que una moneda de diez centavos. Las mariposas monarca son mucho más grandes. Miden poco más de 4 pulgadas de ancho.

El tamaño no es lo único que diferencia a las monarca de las pigmeas. Las monarca son de color naranja claro con marcas negras. Por ese motivo, resulta fácil verlas. Las pigmeas son, en su mayoría, marrones y azules, y se mezclan con el entorno. Muchas personas siguen de largo sin verlas, **desprevenidas** de que las pigmeas están allí.

> *Leí que las pigmeas del oeste son más pequeñas que una moneda de diez centavos, y la mayoría son marrones y azules. La mariposa monarca mide unas 4 pulgadas de ancho, y es naranja y negra.* Ahora comprendo las diferencias entre estas dos mariposas.

---

## Tu turno

¿En qué se parecen las mariposas monarca y las pigmeas del oeste? Vuelve a leer "Revoloteando", en la página 450, para averiguarlo.

# Comparar y contrastar

Al comparar, los autores muestran las similitudes entre dos cosas. Al contrastar, muestran las diferencias entre ellas. Los autores usan palabras clave, como *ambos, parecerse, mismo/a* o *diferente* para comparar y contrastar.

 **Busca evidencias en el texto**

*¿En qué se parecen y en qué se diferencian las mariposas monarca y las pigmeas del oeste? Volveré a leer "Mariposas y maripositas" y buscaré palabras clave.*

| Mariposas monarca | Ambas | Pigmeas del oeste |
|---|---|---|
| Coloridas y grandes | Saborean las hojas con sus patas. | Se mezclan con el entorno. Son muy pequeñas. |

## Tu turno

Vuelve a leer "Mariposas y maripositas". Busca detalles que indiquen las similitudes y las diferencias entre las mariposas monarca y las pigmeas del oeste. Escríbelas en el organizador gráfico. ¿Qué palabras clave te ayudaron?

*¡Conéctate!*
*Usa el organizador gráfico interactivo.*

# Texto expositivo

"Mariposas y maripositas" es un texto expositivo.

**El texto expositivo**:

- Brinda información sobre un tema relacionado con la ciencia.
- Tiene títulos que indican de qué trata una sección.
- Contiene diagramas y mapas.

## Busca evidencias en el texto

*Puedo afirmar que este texto es expositivo. Brinda datos sobre las mariposas monarca y las pigmeas del oeste. Este artículo científico también tiene títulos, un diagrama y un mapa.*

**página 449**

Hay más de 725 especies, o tipos, de mariposas revoloteando por Estados Unidos y Canadá. Estas criaturas **fabulosas** saborean las hojas de las plantas con sus patas, y sólo pueden ver los colores rojo, amarillo y verde. La mariposa monarca y la mariposa azul pigmea del oeste comparten estos rasgos, pero, a su vez, son diferentes en muchos sentidos.

**Tamaño y color**

La mariposa azul pigmea del oeste es la más pequeña del mundo. Sólo mide media pulgada desde la punta de un ala a la otra. Eso quiere decir que es más pequeña que una moneda de diez centavos. Las mariposas monarca son mucho más grandes. Miden poco más de 4 pulgadas de ancho.

El tamaño no es lo único que diferencia a las monarca de las pigmeas. Las monarca son de color naranja claro con marcas negras. Por ese motivo, resulta fácil verlas. Las pigmeas son, en su mayoría, marrones y azules, y se mezclan con el entorno. Muchas personas siguen de largo sin verlas, **desprevenidas** de que las pigmeas están allí.

El diagrama muestra las partes de una mariposa.

Mariposa azul pigmea del oeste

ala
antena
cabeza
abdomen
pata
tórax

449

## Características del texto

**Títulos** Los títulos nos informan sobre el tema principal de una sección del texto.

**Diagrama** Un diagrama es una fotografía con etiquetas.

COLABORA

## Tu turno

Observa las características del texto en "Mariposas y maripositas". Comenta lo que has aprendido sobre las mariposas.

# Claves de contexto

Las claves de contexto te ayudan a comprender el significado de una palabra que no conoces en la oración. En muchos textos científicos, aparecen en el mismo párrafo donde está la palabra que no conocemos.

## Busca evidencias en el texto

*En la página 450, no estoy seguro del significado de la palabra* migran. *Buscaré claves en el párrafo. Leí que las mariposas "se trasladan a zonas diferentes" y "viajan más de 3,000 millas". También veo la palabra "recorrido". Creo que migrar significa moverse o viajar a distintos lugares.*

> Casi todas las mariposas migran, o se trasladan a zonas diferentes. El recorrido de la monarca representa la migración más larga de todas las mariposas del mundo. Pasa los veranos en el norte de Estados Unidos y Canadá y al comenzar el otoño, migra hacia México. Muchas viajan más de 3,000 millas.

## Tu turno

Busca claves de contexto en la oración para comprender el significado de:
**de sangre fría,** *página 450*
**néctar,** *página 451*

# De lectores...

Los escritores usan finales interesantes en los textos de no ficción para repetir la idea principal, pero utilizando palabras distintas. Vuelve a leer este fragmento de "Mariposas y maripositas".

**Ejemplo modelo**

## Final interesante
¿Qué información nos da este buen **final**?

Al igual que el resto de la fauna, la mariposa monarca y la pigmea del oeste necesitan ser respetadas. Es necesario preservar los hábitats de las mariposas. Para ayudar, pueden tratar de cambiar las leyes, plantar algodoncillo o intentar que se considere ilegal destruir sus hábitats.

Es importante saber lo que necesitan para sobrevivir para poder ayudar. Así, las generaciones futuras podrán disfrutar de ellas.

Richard Ellis/Contributor/Getty Images News/Getty Images

# a escritores

Ramona escribió sobre las lombrices y cómo cambió su opinión sobre ellas. Lee el texto y sus correcciones.

## Marcas de corrección

≡ Mayúscula

/ Minúscula

⊙ Agregar punto

∧ Insertar

✐ Eliminar

**Manual de gramática**

Página 472
**Preposiciones:
en, sobre, a, de,
desde, con, por**

**Ejemplo del estudiante**

## Las lombrices

Yo tenía miedo a las lombrices.

Luego, aprendí más sobre ellas⊙

Aprendí que en Ꞁnglés lombriz se

dice "worm" y que las lombrices

₵alifornianas ayudan ᵃ las plantas a

crecer mejor en la tierra; construyen

túneles que retienen agua y aire.

≡realmente son los gusanos más

escurridizos de todos. Ahora que sé

más cosas ˢᵒᵇʳᵉ las lombrices, ya no les

tengo miedo.

## Tu turno
COLABORA

☑ Identifica un final interesante.
☑ Identifica las preposiciones.
☑ Explica cómo las revisiones mejoraron el texto.

**¡Conéctate!**
*Escribe en el rincón del escritor.*

457

**Pregunta esencial**
¿Qué te hace reír?

¡Conéctate!

458

# VAMOS A REÍR

Hay muchas cosas que nos hacen reír: los chistes, las historias graciosas y las fotos tontas. Mira estos cerditos. ¿No son divertidos?

▶ Es importante tener sentido del humor.

▶ Cuando reímos nos sentimos mejor.

▶ Reír te ayuda a compartir los sentimientos con tus amigos.

## Coméntalo

Habla en pareja acerca de las cosas que te parecen graciosas. Escribe en el organizador gráfico qué cosas te hacen reír.

Gracioso

# Vocabulario

**Mira las fotos y lee las oraciones para comentar
cada palabra con un compañero o una compañera.**

**chancleta**

Me compré unas **chancletas** de goma
para ir a la playa.

¿Conoces una palabra que signifique
lo mismo que chancleta?

**revés**

Sin darme cuenta, me puse la camisa
al **revés**.

¿Qué cosas puedes ponerte al revés?

**risotada**

Nicolás contó un chiste y Pedro soltó
una **risotada**.

¿Qué situaciones pueden causar una
risotada en el salón de clases?

**risueño**

David y su abuelo juegan al ajedrez
muy **risueños**.

¿Puedes describir cómo se ve una
cara risueña?

(t) Peter Cade/Iconica/Getty Images; (tc) Somos/Alamy; (bc) Somos Images LLC/Alamy; (b) Blend Images/Alamy

# Términos de poesía

## poema narrativo

Mi **poema narrativo** favorito cuenta el viaje de Paul Revere.

¿Qué historia contarías en un poema narrativo?

## rima

Las palabras *cuna* y *luna* **riman** porque terminan con los mismos sonidos.

¿Qué otra palabra rima con *cuna* y *luna*?

## ritmo

El poema de Ben tiene un **ritmo** parecido al de un tambor.

¿Por qué los poetas incorporan ritmo en su poesía?

## estrofa

Cada **estrofa** del poema de Magali tiene cinco versos.

Escribe un poema con dos estrofas.

COLABORA

## Tu turno

Elige tres palabras y escribe tres preguntas para tu compañero o compañera.

*¡Conéctate!* **Usa el glosario digital ilustrado.**

## Pregunta esencial

**¿Qué te hace reír?**

Lee estos poemas con situaciones muy divertidas.

Patricia Fitti

# El chicle viajero

Bien pegado
a un tacón
muy elegante,
me he colado
en el salón
de un restaurante.

Una bota
me ha llevado
a ver el puerto,
donde daban
las gaviotas
un concierto.

Las **chancletas**
de un viajero
distraído
me llevaron
de crucero
por el río.

¡Qué bonito
ir por la calle
polvorienta,
sin saber
si soy de fresa
o soy de menta!

*Pedro Mañas*

# Pies

No soy cuervo, no soy vaca,
soy José y tengo pies.
No son alas ni pezuñas,
son mis pies y huelen bien.

No soy gato ni araña
José soy, que tengo pies.
No son patas ni aletas,
son mis pies y huelen bien.

Cuando bailo duele un poco
el juanete que se ve.
Pero a veces me da risa,
no preguntes el por qué.

Mi juanete del pie izquierdo
no le habla al otro pie,
y es que le da mucha envidia
ver los callos que hay en él.

Entre callos y juanetes
da lo mismo, tengo pies
que me dan mucha alegría
porque ambos bailan bien.

*Laia Cortés*

Texto ©2007 Antonio Deltoro. Illustraciones ©2007 Gabriel Pacheco. Used by permission of Fondo de Cultura Económica.
Ilustrado por Patricia Fitti

# Disparate

Había un inglés
que en un dos por tres
quedaba al **revés**
arriba los pies.

Así caminaba,
comía y hablaba,
reía y cantaba
feliz como un pez.

Decía: ¿No ves
que todo es como es
vuelto del revés?
Le contesté: "Yes".

*María de la Luz Uribe*

## Haz conexiones

¿Qué poema te hizo reír? Cuenta algo gracioso
de cada poema. **PREGUNTA ESENCIAL**

¿Qué poema tiene los personajes o los sucesos
más divertidos? ¿Por qué? **EL TEXTO Y TÚ**

Disparate, de María de la Luz Uribe

# Poesía narrativa

La **poesía narrativa**: • Cuenta una historia. • Puede tener distinto número de versos y estrofas.

Una **estrofa**: • Es cada una de las partes en que se divide un poema. • Está formada por un grupo de versos. • A menudo tiene ritmo y rima.

## Busca evidencias en el texto

*Creo que "El chicle viajero" es un poema narrativo porque cuenta una pequeña historia. Tiene varias estrofas. Cada estrofa está formada por seis versos. En todas las estrofas hay versos que riman.*

página 465

### Disparate

Había un inglés
que en un dos por tres
quedaba al **revés**
arriba los pies.

Así caminaba,
comía y hablaba,
reía y cantaba
feliz como un pez.

Decía: ¿No ves
que todo es como es
vuelto del revés?
Le contesté: "Yes".

*María de la Luz Uribe*

Esta es una estrofa. Está formada por un grupo de versos. Hay tres estrofas en esta página.

### Tu turno

Vuelve a leer "El chicle viajero". Explica por qué es un poema narrativo. Di cuántas estrofas tiene el poema.

Patricia Fitti

# Punto de vista

En un poema el narrador expresa sus pensamientos o sentimientos. Ese es el punto de vista del narrador. Busca detalles en los poemas que muestran cuáles son los sentimientos o pensamientos del narrador.

 ## Busca evidencias en el texto

*En el poema "Pies" el narrador dice que tiene callos y juanetes en sus pies, pero más adelante da detalles que nos muestran que se siente feliz y afortunado, porque sus pies le permiten disfrutar de cosas que solo las personas pueden hacer. Este es el punto de vista del narrador.*

| Detalles |
|---|
| Pero a veces me da risa, no me preguntes el por qué. |
| |
| |

↓

| Punto de vista |
|---|
| |

COLABORA

## Tu turno

Vuelve a leer "Pies". Busca más detalles sobre lo que siente el narrador y escríbelos en el organizador gráfico. Luego escribe el punto de vista del narrador. Compara tu punto de vista con el del narrador.

*¡Conéctate!*
*Usa el organizador gráfico interactivo.*

# Ritmo y rima

Cuando los poetas escriben poemas, usan ritmo y rima para que sea más interesante escucharlos y más divertido leerlos.

 **Busca evidencias en el texto**

*Vuelve a leer "El chicle viajero" en voz alta. Escucha con atención para descubrir qué palabras riman. Sigue el ritmo con palmadas mientras lees el poema. Da una palmada por sílaba.*

**página 463**

## El chicle viajero

Bien pegado
a un tacón
muy elegante,
me he colado
en el salón
de un restaurante.

Una bota
me ha llevado
a ver el puerto,
donde daban
las gaviotas
un concierto.

Las **chancletas**
de un viajero
distraído
me llevaron
de crucero
por el río.

*Las palabras* viajero, *en el segundo verso, y* crucero, *en el quinto verso, riman. Aplaudí para seguir el ritmo. Me gusta el patrón de sonidos que se repiten en el poema.*

## Tu turno

 COLABORA

Vuelve a leer los poemas de esta semana. Encuentra otros ejemplos de ritmo y rima.

# Modismos

Un modismo es un grupo de palabras cuyo significado en conjunto no es literal. Por ejemplo, *me estás tomando el pelo,* no significa que alguien está *jalando mi cabello,* sino que *se está burlando de mí.*

 **Busca evidencias en el texto**

*En el poema "Disparate", la frase* en un dos por tres *es un modismo. Puedo comprender su significado porque me doy cuenta de que esto sucede muy rápidamente. De un momento para otro quedaba con los pies hacia arriba.*

Había un inglés
que en un dos por tres
quedaba al revés
arriba los pies.

**Tu turno**

En pareja, comenta estos modismos:
**a gatas,** *página 464*
**vuelto del revés,** *página 465*

# De lectores...

Los escritores usan palabras expresivas para lograr que sus textos sean más interesantes y claros. A veces una palabra precisa explica mejor un sentimiento o momento que una larga explicación. Vuelve a leer las siguientes estrofas de "El chicle viajero".

## Palabras precisas

Identifica sustantivos, adjetivos y verbos. ¿Cómo te ayudan a visualizar lo que le sucede al narrador?

**Ejemplo modelo**

**Bien pegado
a un tacón
muy elegante,
me he colado
en el salón
de un restaurante.**

**Una bota
me ha llevado
a ver el puerto,
donde daban
las gaviotas
un concierto.**

Patricia Fitti

470

# a escritores

## Marcas de corrección

≡ Mayúscula

/ Minúscula

⊙ Agregar punto

∧ Insertar

⌐ Eliminar

**Manual de gramática**

Página 472
**El adverbio**

Roberto escribió sobre algo que lo hace reír. Lee el texto y fíjate en sus correcciones.

**Ejemplo del estudiante**

## Mi perro Mimo

¿Quién es el más alegre de los perros? Mi perro mimo. Cuando lo llevo a caminar, A veces se detiene de golpe y choco con él. Eso me hace reír. A veces corre tan rápido que se tropieza con sus propias orejas. Una vez me siguió hasta dentro ~~afuera~~ del autobús escolar. ¡Todos se rieron a carcajadas! Mimo es el perro más divertido que conozco.

## Tu turno

☑ Identifica palabras expresivas.

☑ Identifica adverbios.

☑ Comenta cómo las correcciones mejoraron el cuento.

**¡Conéctate!**
*Escribe en el rincón del escritor.*

# Contenido

# Adjetivos

# Preposiciones

# Adverbios

# Normas del lenguaje

# Oraciones

## Oraciones

Una **oración** es un grupo de palabras que expresa una idea completa. Empieza con mayúscula.

*Ella tiene un pasatiempo interesante.*

Una **frase** es un grupo de palabras que no expresa una idea completa.

*en algún lugar*
*una roca grande y gris*

**Tu turno** **Escribe los grupos de palabras que sean una oración.**

1. Por esa pila de rocas
2. Tomás clasifica las rocas en cajas.
3. Algunas personas coleccionan rocas.
4. Las rocas pesadas
5. Muchos museos tienen colecciones de rocas.

# Tipos de oraciones

Cuando escribes o hablas, usas diferentes tipos de oraciones.

| Tipos de oraciones | Ejemplos |
|---|---|
| Una **oración enunciativa** afirma o niega algo. Termina con punto. | *Puedes sembrar plantas en una jardinera en la ventana.* |
| Una **oración interrogativa** solicita información. Empieza y termina con signos de interrogación. | *¿Debo regar las plantas cada día?* |
| Una **oración imperativa** indica a alguien que realice algo. Termina con punto. | *No le pongas mucha agua a las plantas.* |
| Una **oración exclamativa** muestra un sentimiento fuerte. Empieza y termina con signos de exclamación. | *¡Las ardillas se comieron las semillas!* |

**Tu turno** **Escribe las oraciones. Luego escribe si son enunciativas, interrogativas, imperativas o exclamativas.**

1. Siembra unos pimientos en el jardín.
2. ¿Dónde podemos encontrar las semillas?
3. Voy a pedir semillas de este catálogo.
4. No siembres las semillas demasiado juntas.
5. ¡Qué hermoso jardín tenemos!

# El sujeto en las oraciones

El **sujeto** de una oración es la persona, animal o cosa que realiza la acción del verbo.

*Las semillas viajan de maneras diferentes.*
*El viento transporta las semillas de diente de león..*

**Tu turno** **Subraya el sujeto de cada oración.**

1. Algunas plantas tienen semillas con ganchillos.
2. Los ganchillos se cuelgan de la piel de los animales.
3. El animal lleva las semillas a otro lugar.
4. Las aves comen fruta y dejan caer las semillas.
5. Estas semillas crecen y forman una planta.

## El predicado en las oraciones

Todas las oraciones tienen un sujeto y un **predicado**.
El predicado es lo que se dice del sujeto.

*Ralph Samuelson **inventó los esquíes acuáticos**.*
*Raúl **tenía dieciocho años**.*

**Tu turno** **Escribe las oraciones. Dibuja una línea debajo del predicado de cada oración.**

1. Andrés trabajaba con esquíes de nieve.
2. Los esquíes eran muy angostos.
3. El joven inventor hizo unos esquíes anchos con una tabla.
4. Una lancha veloz jaló a Efraín por el agua.
5. La multitud se emocionó al verlo.

## Combinar oraciones

Dos oraciones con ideas similares pueden **combinarse** usando la palabra *y*. Este tipo de oración se llama **oración compuesta**.

*La noche es clara **y** las estrellas brillan.*

**Tu turno** **Escribe una sola oración usando la palabra *y* para unirlas.**

1. La Tierra gira. Las estrellas salen y se ponen, como el Sol.
2. El maestro coloca un telescopio. Los estudiantes lo dirigen a las estrellas.
3. Todos miran de cerca. Daniel es el primero que encuentra la Estrella Polar.
4. La Luna se ilumina. Las estrellas brillan.
5. Ana encontró una estrella especial. Pidió un deseo.

# Sustantivos

## Sustantivos singulares y plurales

El **sustantivo singular** nombra una persona, un animal, una planta, un lugar o una cosa.

*niño*　　*mata*　　*mono*　　*bolsa*　　*sala*

El **sustantivo plural** se forma añadiendo **-s** o **-es** al sustantivo en singular.

*lugares*　　*aves*　　*sillas*　　*montes*

**Tu turno** **Escribe las oraciones. Forma el plural del sustantivo que aparece entre paréntesis.**

1. Aquellas dos (mujer) son dentistas.
2. Los dentistas cuidan los (diente) de las personas.
3. La niña cantó dos (canción).
4. Al niño le gustan las (lombriz).

## Sustantivos comunes y propios

El **sustantivo común** nombra cualquier persona, animal, planta, lugar o cosa.

*palmera*　　*llave*　　*cebra*

El **sustantivo propio** indica el nombre de personas, ciudades, países, montañas, ríos o días feriados. Siempre empieza con letra mayúscula.

*Houston*　　*Bolivia*　　*Europa*

**Tu turno** **Escribe común o propio debajo de cada sustantivo subrayado.**

1. El zoológico de Londres tenía un elefante llamado Jumbo.
2. El animal gigante era de África.
3. P. T. Barnum compró la enorme bestia.
4. El hombre llevó el elefante a Estados Unidos.

## Sustantivos femeninos y masculinos

El **sustantivo femenino** está precedido por *la, las, una, unas*. Casi siempre termina en *-a, -as*.

> *muchacha*    *gatas*

El **sustantivo masculino** está precedido por *el, los, un* o *unos*. Casi siempre termina en *-o, -os*.

> *muchacho*    *gatos*

**Tu turno** **Escribe las oraciones. Indica si los sustantivos subrayados son femeninos o masculinos.**

1. Los <u>árboles</u> crecen en la <u>granja</u> de Juan.
2. Las <u>manzanas</u> de ahí siempre son dulces.
3. La <u>hija</u> de Juan come mucha <u>fruta</u> en esta época.
4. Siempre llegan unos <u>niños</u> y Juan les regala <u>manzanas</u>.

## Sustantivos aumentativos y diminutivos

El **sustantivo aumentativo** indica que una persona, planta, animal, cosa o lugar es grande. Se forma añadiendo *-ote, -ota, -on, -ona, -azo, -aza*:

> *muchach**ote***    *cas**ota***

El **sustantivo diminutivo** indica que una persona, planta, animal, cosa o lugar es pequeña. Se forma añadiendo *-ito, -ita, -ico, -ica, -illo, -illa*:

> *muchach**ito***    *cas**ita***

**Tu turno** **Escribe el aumentativo y el diminutivo de los siguientes sustantivos. Luego escribe una oración con cada uno.**

1. perro
2. plato
3. mesa
4. libro

# Artículos

## Artículos definidos e indefinidos

El **artículo** se coloca delante del sustantivo para señalar su género y su número. Hay dos clases de artículos: definidos e indefinidos.

| Artículo | Definido | | Indefinido | |
| --- | --- | --- | --- | --- |
| | Masculino | Femenino | Masculino | Femenino |
| Singular | el | la | un | una |
| Plural | los | las | unos | unas |

Artículo **definido**: indica que el sustantivo es conocido por el receptor del mensaje.

el cuento   la pera   los copos   las letras

Artículo **indefinido**: indica que el sustantivo no es conocido por el receptor del mensaje.

un cuento   una pera   unos copos   unas letras

**Tu turno**   **Escribe las oraciones. Subraya los artículos definidos y encierra en un círculo los indefinidos.**

1. En casa tengo unos patines rojos.
2. Vimos una película de terror en la televisión.
3. El pequeño llevaba un abrigo muy grueso.
4. Las tías y los primos también fueron a ver su obra de teatro.
5. ¡Por fin encontré una bufanda con flores!

# Verbos

## Formas verbales

El **verbo** es la palabra que expresa acción. Algunas características del verbo son: tiempo, modo, persona y número. Existen tres **tiempos verbales**: presente, pretérito (o pasado) y futuro.

## Verbos regulares

Los **verbos regulares** son los que al conjugarlos conservan la raíz pero la segunda parte cambia siguiendo unas reglas determinadas.

**Tu turno** **Escribe las oraciones e indica cuáles son verbos regulares.**

1. Hoy cenaré (cenar) con mi familia.
2. La semana pasada fuimos (ir) de campamento.
3. Mi hermano vino (venir) en el automóvil.
4. Caminé (caminar) por el campo y me encantó.
5. Aún experimento (experimentar) un gran bienestar.

## Verbos irregulares

Los **verbos irregulares** son los que al conjugarlos cambia la raíz. Algunos de los verbos irregulares más comunes son *contar*, *saber* y *reír*.

**Tu turno** **Escribe las oraciones e indica cuáles son verbos irregulares.**

1. Pongo (poner) el agua a calentar en la estufa.
2. Prepararé (preparar) un café para mi mamá.
3. Yo riego (regar) el jardín todas las mañanas.
4. No juego (jugar) con el agua porque hay que cuidarla.
5. Si todos la cuidamos (cuidar) nos durará mucho tiempo.

## Modo indicativo

### Tiempos simples

El **presente** se utiliza cuando la acción coincide con el momento en que se habla.

*Nosotros **hablamos** con nuestros amigos todos los días.*

El **pretérito imperfecto** expresa una acción que ocurrió en el pasado, durante un periodo determinado.

*El maestro **leía** un cuento.*

El **pretérito** indica que la acción ocurrió y terminó en el pasado.

*Yo **comí** arroz con pollo y plátanos fritos.*

El **futuro** indica que la acción será realizada después del momento en que se enuncia.

*Nuestro equipo de natación **competirá** en las Olimpíadas.*

El **condicional** expresa la posibilidad de realizar la acción.

*Si nos mudáramos a otra ciudad, **iríamos** a una nueva escuela.*

### Tiempos compuestos

El **pretérito perfecto** indica una acción que se acaba de ejecutar en el momento actual. Se forma con el participio del verbo principal y el presente del verbo haber.

*Ellos **han visitado** todos los países de América Central.*

**Tu turno**  **Escribe las oraciones. Indica cuál es el tiempo verbal del verbo subrayado.**

1. Mañana iré a la escuela.
2. La semana pasada no fui, pues estuve enfermo.
3. Juan y sus amigos pintan casas en sus días libres.
4. Ellos ya han pintado todas las casas del barrio.
4. Si la casa tuviera dos pisos, Juan se subiría a la escalera.

# Verbos irregulares: jugar

| Pronombre | Tiempos simples | Tiempos compuestos |
|---|---|---|
| | **Presente** | **Pretérito perfecto** |
| yo | juego | he jugado |
| tú | juegas | has jugado |
| él/ella/usted | juega | ha jugado |
| nosotros/nosotras | jugamos | hemos jugado |
| vosotros/vosotras | jugáis | habéis jugado |
| ellos/ellas/ustedes | juegan | han jugado |
| **Pronombre** | **Pretérito imperfecto** | **Pretérito pluscuamperfecto** |
| yo | jugaba | había jugado |
| tú | jugabas | habías jugado |
| él/ella/usted | jugaba | había jugado |
| nosotros/nosotras | jugábamos | habíamos jugado |
| vosotros/vosotras | jugabais | habíais jugado |
| ellos/ellas/ustedes | jugaban | habían jugado |
| **Pronombre** | **Pretérito** | **Pretérito anterior** |
| yo | jugué | hube jugado |
| tú | jugaste | hubiste jugado |
| él/ella/usted | jugó | hubo jugado |
| nosotros/nosotras | jugamos | hubimos jugado |
| vosotros/vosotras | jugasteis | hubisteis jugado |
| ellos/ellas/ustedes | jugaron | hubieron jugado |
| **Pronombre** | **Futuro** | **Futuro perfecto** |
| yo | jugaré | habré jugado |
| tú | jugarás | habrás jugado |
| él/ella/usted | jugará | habrá jugado |
| nosotros/nosotras | jugaremos | habremos jugado |
| vosotros/vosotras | jugaréis | habréis jugado |
| ellos/ellas/ustedes | jugarán | habrán jugado |
| **Pronombre** | **Condicional** | **Condicional compuesto** |
| yo | jugaría | habría jugado |
| tú | jugarías | habrías jugado |
| él/ella/usted | jugaría | habría jugado |
| nosotros/nosotras | jugaríamos | habríamos jugado |
| vosotros/vosotras | jugaríais | habríais jugado |
| ellos/ellas/ustedes | jugarían | habrían jugado |

# Verbos irregulares: tener

| Pronombre | Tiempos simples | Tiempos compuestos |
|---|---|---|
| | **Presente** | **Pretérito perfecto** |
| yo | tengo | he tenido |
| tú | tienes | has tenido |
| él/ella/usted | tiene | ha tenido |
| nosotros/nosotras | tenemos | hemos tenido |
| vosotros/vosotras | tenéis | habéis tenido |
| ellos/ellas/ustedes | tienen | han tenido |
| **Pronombre** | **Pretérito imperfecto** | **Pretérito pluscuamperfecto** |
| yo | tenía | había tenido |
| tú | tenías | habías tenido |
| él/ella/usted | tenía | había tenido |
| nosotros/nosotras | teníamos | habíamos tenido |
| vosotros/vosotras | teníais | habíais tenido |
| ellos/ellas/ustedes | tenían | habían tenido |
| **Pronombre** | **Pretérito** | **Pretérito anterior** |
| yo | tuve | hube tenido |
| tú | tuviste | hubiste tenido |
| él/ella/usted | tuvo | hubo tenido |
| nosotros/nosotras | tuvimos | hubimos tenido |
| vosotros/vosotras | tuvisteis | hubisteis tenido |
| ellos/ellas/ustedes | tuvieron | hubieron tenido |
| **Pronombre** | **Futuro** | **Futuro perfecto** |
| yo | tendré | habré tenido |
| tú | tendrás | habrás tenido |
| él/ella/usted | tendrá | habrá tenido |
| nosotros/nosotras | tendremos | habremos tenido |
| vosotros/vosotras | tendréis | habréis tenido |
| ellos/ellas/ustedes | tendrán | habrán tenido |
| **Pronombre** | **Condicional** | **Condicional compuesto** |
| yo | tendría | habría tenido |
| tú | tendrías | habrías tenido |
| él/ella/usted | tendría | habría tenido |
| nosotros/nosotras | tendríamos | habríamos tenido |
| vosotros/vosotras | tendríais | habríais tenido |
| ellos/ellas/ustedes | tendrían | habrían tenido |

## Verbos irregulares: saber

| Pronombre | Tiempos simples | Tiempos compuestos |
|---|---|---|
| | **Presente** | **Pretérito perfecto** |
| yo | sé | he sabido |
| tú | sabes | has sabido |
| él/ella/usted | sabe | ha sabido |
| nosotros/nosotras | sabemos | hemos sabido |
| vosotros/vosotras | sabéis | habéis sabido |
| ellos/ellas/ustedes | saben | han sabido |
| **Pronombre** | **Pretérito imperfecto** | **Pretérito pluscuamperfecto** |
| yo | sabía | había sabido |
| tú | sabías | habías sabido |
| él/ella/usted | sabía | había sabido |
| nosotros/nosotras | sabíamos | habíamos sabido |
| vosotros/vosotras | sabíais | habíais sabido |
| ellos/ellas/ustedes | sabían | habían sabido |
| **Pronombre** | **Pretérito** | **Pretérito anterior** |
| yo | supe | hube sabido |
| tú | supiste | hubiste sabido |
| él/ella/usted | supo | hubo sabido |
| nosotros/nosotras | supimos | hubimos sabido |
| vosotros/vosotras | supisteis | hubisteis sabido |
| ellos/ellas/ustedes | supieron | hubieron sabido |
| **Pronombre** | **Futuro** | **Futuro perfecto** |
| yo | sabré | habré sabido |
| tú | sabrás | habrás sabido |
| él/ella/usted | sabrá | habrá sabido |
| nosotros/nosotras | sabremos | habremos sabido |
| vosotros/vosotras | sabréis | habréis sabido |
| ellos/ellas/ustedes | sabrán | habrán sabido |
| **Pronombre** | **Condicional** | **Condicional compuesto** |
| yo | sabría | habría sabido |
| tú | sabrías | habrías sabido |
| él/ella/usted | sabría | habría sabido |
| nosotros/nosotras | sabríamos | habríamos sabido |
| vosotros/vosotras | sabríais | habríais sabido |
| ellos/ellas/ustedes | sabrían | habrían sabido |

# Verbos irregulares: ir

| Pronombre | Tiempos simples | Tiempos compuestos |
|---|---|---|
| | **Presente** | **Pretérito perfecto** |
| yo | voy | he ido |
| tú | vas | has ido |
| él/ella/usted | va | ha ido |
| nosotros/nosotras | vamos | hemos ido |
| vosotros/vosotras | vais | habéis ido |
| ellos/ellas/ustedes | van | han ido |
| **Pronombre** | **Pretérito imperfecto** | **Pretérito pluscuamperfecto** |
| yo | iba | había ido |
| tú | ibas | habías ido |
| él/ella/usted | iba | había ido |
| nosotros/nosotras | íbamos | habíamos ido |
| vosotros/vosotras | ibais | habíais ido |
| ellos/ellas/ustedes | iban | habían ido |
| **Pronombre** | **Pretérito** | **Pretérito anterior** |
| yo | fui | hube ido |
| tú | fuiste | hubiste ido |
| él/ella/usted | fue | hubo ido |
| nosotros/nosotras | fuimos | hubimos ido |
| vosotros/vosotras | fuisteis | hubisteis ido |
| ellos/ellas | fueron | hubieron ido |
| **Pronombre** | **Futuro** | **Futuro perfecto** |
| yo | iré | habré ido |
| tú | irás | habrás ido |
| él/ella/usted | irá | habrá ido |
| nosotros/nosotras | iremos | habremos ido |
| vosotros/vosotras | iréis | habréis ido |
| ellos/ellas/ustedes | irán | habrán ido |
| **Pronombre** | **Condicional** | **Condicional compuesto** |
| yo | iría | habría ido |
| tú | irías | habrías ido |
| él/ella/usted | iría | habría ido |
| nosotros/nosotras | iríamos | habríamos ido |
| vosotros/vosotras | iríais | habríais ido |
| ellos/ellas/ustedes | irían | habrían ido |

## Verbos copulativos

Los **verbos copulativos** funcionan como enlace entre el sujeto y el atributo. Los principales verbos copulativos son *ser, estar y parecer*.

## Verbo copulativo *ser*

| Pronombre | Presente | Pretérito imperfecto |
|---|---|---|
| yo | soy | era |
| tú | eres | eras |
| él/ella/usted | es | era |
| nosotros/nosotras | somos | éramos |
| vosotros/vosotras | sois | erais |
| ellos/ellas/ustedes | son | eran |
| **Pronombre** | **Pretérito** | **Futuro** |
| yo | fui | seré |
| tú | fuiste | serás |
| él/ella/usted | fue | será |
| nosotros/nosotras | fuimos | seremos |
| vosotros/vosotras | fuisteis | seréis |
| ellos/ellas/ustedes | fueron | serán |

## Verbo copulativo *estar*

| Pronombre | Presente | Pretérito imperfecto |
|---|---|---|
| yo | estoy | estaba |
| tú | estás | estabas |
| él/ella/usted | está | estaba |
| nosotros/nosotras | estamos | estábamos |
| vosotros/vosotras | estáis | estabais |
| ellos/ellas/ustedes | están | estaban |
| **Pronombre** | **Pretérito** | **Futuro** |
| yo | estuve | estaré |
| tú | estuviste | estarás |
| él/ella/usted | estuvo | estará |
| nosotros/nosotras | estuvimos | estaremos |
| vosotros/vosotras | estuvisteis | estaréis |
| ellos/ellas/ustedes | estuvieron | estarán |

## Verbos auxiliares

Los **verbos auxiliares** acompañan al verbo principal para poder formar tiempos compuestos.

### Verbo auxiliar haber

| Pronombre | Tiempos simples | Tiempos compuestos |
|---|---|---|
| | **Presente** | **Pretérito perfecto** |
| yo | he | hube |
| tú | has | hubiste |
| él/ella/usted | ha | hubo |
| nosotros/nosotras | hemos | hubimos |
| vosotros/vosotras | habéis | hubisteis |
| ellos/ellas/ustedes | han | hubieron |
| **Pronombre** | **Pretérito imperfecto** | **Futuro** |
| yo | había | habré |
| tú | habías | habrás |
| él/ella/usted | había | habrá |
| nosotros/nosotras | habíamos | habremos |
| vosotros/vosotras | habíais | habréis |
| ellos/ellas/ustedes | habían | habrán |
| **Pronombre** | **Condicional** | |
| yo | habría | |
| tú | habrías | |
| él/ella/usted | habría | |
| nosotros/nosotras | habríamos | |
| vosotros/vosotras | habríais | |
| ellos/ellas/ustedes | habrían | |

**Tu turno** **Conjuga los siguientes verbos en presente. Luego escribe una oración con cada uno de ellos.**

1. actuar
2. amar
3. partir
4. poder
5. sonreír

# Pronombres

## Pronombre personal

El **pronombre personal** sustituye los nombres de las personas. En gramática se distinguen tres personas: primera persona, que es la que habla; segunda persona, que es la que escucha; y tercera persona, que es la que ni habla ni escucha.

| Formas personales | Singular | Plural |
|---|---|---|
| Primera persona | yo | nosotros |
| Segunda persona | tú, usted | vosotros, ustedes |
| Tercera persona | él, ella | ellos, ellas |

Cuando el pronombre actúa como sujeto, concuerda con el verbo en género y número.

**Ella** *va a la escuela.*　　　**Nosotros** *somos amigos.*

La siguiente tabla muestra las formas del pronombre personal que no pueden ser sujeto de una oración.

| Formas personales | Singular | Plural |
|---|---|---|
| Primera persona | me, mi (conmigo) | nos |
| Segunda persona | te, ti (contigo) | os, se |
| Tercera persona | se, sí (consigo), lo, la, le, | los, las, les, se |

**Tu turno**　Reemplaza los sustantivos sujeto y objeto con los pronombres correctos.

1. María llama a su mamá.

2. Su mamá dijo a Mario que no iría por él ese día.

3. El primo de María es muy travieso.

4. Su hermana pequeña y su primo se divierten.

5. María ya no quiere estar ahí.

## Pronombre posesivo

El **pronombre posesivo** sustituye al sustantivo y sirve para expresar a quién pertenece algo. Tanto el pronombre posesivo como el adjetivo posesivo concuerdan en género y número con la cosa poseída y con el artículo.

| Cosa poseída | Poseedor | | |
|---|---|---|---|
| | **Primera persona** | **Segunda persona** | **Tercera persona** |
| el, la | mío, mía | tuyo, tuya | suyo, suya |
| | nuestro, nuestra | vuestro, vuestra | suyo, suya |
| los, las | míos, mías | tuyos, tuyas | suyos, suyas |
| | nuestros, nuestras | vuestros, vuestras | suyos, suyas |

**Tu turno** **Reemplaza el pronombre personal entre paréntesis por el pronombre posesivo correspondiente.**

1. La casa es (yo).
2. Los chocolates son (de ella).
3. El cuaderno gris es el (tú).

## Pronombre indefinido

El **pronombre indefinido** no identifica quién o qué cosa hace la acción. Puede también designar un número indeterminado de objetos.

*Muchos vinieron de paseo.*

*Varias no se enteraron de nada.*

*Algunos prefieren pescado.*

**Tu turno** **Identifica el pronombre indefinido.**

1. Después, varios llegamos a la ciudad.
2. Hubo muchas que se divirtieron en este lugar.
3. Hay algunos que aún quieren venir.

## Pronombre demostrativo

El **pronombre demostrativo** sustituye al sustantivo y sirve para señalar si la persona, animal, planta, lugar o cosa está cerca o lejos de la persona o cosa de quien se habla. Los pronombres demostrativos nunca acompañan al sustantivo, ya que lo sustituyen.

*Aquel es el carro de papá.*

| Singular | Plural |
|---|---|
| este esta esto | estos estas |
| ese esa eso | esos esas |
| aquel aquella aquello | aquellos aquellas |

**Tu turno** **Subraya el pronombre demostrativo e indica si está cerca o lejos del sujeto.**

1. Si tu bolígrafo no pinta, prueba con este.
2. No tomes esas escaleras, mejor toma aquellas.
3. Esta es la plaza que quería que conocieras.
4. Deja esos dibujos, el trabajo te quedará mejor con estos.
5. Esos son los detalles que te mencioné ayer.

## Pronombre numeral

El **pronombre numeral** sustituye al sustantivo y sirve para señalar la cantidad de personas, plantas, animales, cosas o lugares de que se habla.

*Cuatro son verdes.*
*Una no ha venido.*

**Tu turno** **Identifica el pronombre numeral de las palabras subrayadas.**

1. Tres han llegado con dos juguetes.
2. Una es correcta con dos marcas.
3. Hacen falta seis para llegar a veinte canicas.

## Concordancia entre el pronombre y el verbo

El verbo debe concordar en número y persona con el pronombre.

*Él tiene* muchos juguetes.
*Ellos salen* a pasear.

**Tu turno** **Escribe las oraciones utilizando el pronombre correcto.**

1. Ellas sabe que no llegará a tiempo.
2. Pero ustedes pensamos que se equivoca.
3. Ella siempre han ganado todas las competencias.

## Conjunción

La **conjunción** es una palabra (o palabras) que sirve de **unión** o enlace entre palabras y oraciones. Las siguientes son conjunciones: *y/e, ni, o/u, pero* y *sino*.

*Papá salió **pero** regresará pronto.*
*Marta cocina **y** José lava los platos.*

**Tu turno** **Une las siguientes oraciones usando la conjunción correcta y eliminando lo que esté repetido.**

1. Mario estudia piano. Intenta tocar una pieza difícil.
2. Laura no puede ir. Laura no quiere ir.
3. David sabe francés. David sabe portugués.
4. Puedo ir al cine. Puedo quedarme en casa.
5. Iré al cine. Ya vi la película.

# Adjetivos

## Adjetivos

El **adjetivo** expresa las cualidades de las personas, las cosas y los lugares. Sirve para describir el sustantivo. El adjetivo nos da información acerca del tamaño, el color, el peso, la forma, etc., de las cosas. El adjetivo debe concordar con el sustantivo en número y género.

*marrón    marron**es**    baja    baja**s***

En general, los adjetivos femeninos terminan en **-a** y los adjetivos masculinos terminan en **-o**.

*pequeñ**o**    pequeñ**a**    estudio**sos**    estudio**sas***

Existen adjetivos que no varían su forma en masculino y femenino.

*amable    gran    inteligente    caliente    total*

Los adjetivos pueden ser calificativos, demostrativos, posesivos y numerales.

## Adjetivo calificativo

El **adjetivo calificativo** indica cómo es el sustantivo. Nos da información acerca del tamaño, el color, el peso, la forma, etc.

*Papá está **contento**.*
*Las flores son **hermosas**.*

**Tu turno** **Pon un adjetivo calificativo a los siguientes sustantivos. Luego escribe una oración con cada grupo de palabras.**

1. casa
2. perro
3. flores
4. libros

# Adjetivo demostrativo

El **adjetivo demostrativo** sirve para señalar si el sustantivo está cerca o lejos de la persona que habla.

*José y yo fuimos a **ese** restaurante.*

| Referencia | Singular | Plural |
|---|---|---|
| cerca | este, esta, esto | estos, estas |
| ni cerca ni lejos | ese, esa, eso | esos, esas |
| lejos | aquel, aquella, aquello | aquellos, aquellas |

Los **adjetivos demostrativos** *este, esta, estos* y *estas* señalan algo que está cerca de la persona que habla; *ese, esa, esos* y *esas* señalan algo que no está ni cerca ni lejos; y *aquel, aquella, aquellos* y *aquellas*, lo que está lejos de quien habla.

**Tu turno** **Subraya el adjetivo demostrativo e indica la distancia del sujeto.**

1. Todos vimos ese obstáculo.
2. En aquel lugar todos sabían sobre lo ocurrido.
3. En esta historia todos participamos.
4. Todas sabían que aquella trampa no funcionaría.
5. Este examen será el más difícil de todos.

## Adjetivo posesivo

El **adjetivo posesivo** indica a quién pertenece algo.
El adjetivo posesivo debe concordar en género y número con la cosa poseída.

> Este es **mi** oso de peluche.
> ¿Tienes **tus** juguetes?

| Cosa poseída | Poseedor | | |
|---|---|---|---|
| | **Primera persona** | **Segunda persona** | **Tercera persona** |
| una | mío, mía, mi nuestro, nuestra | tuyo, tuya, tu suyo, suya | suyo, suya, su suyo, suya |
| más de una | míos, mías nuestros nuestras | tuyos, tuyas, tu suyos, suyas, sus | suyos, suyas, sus |

**Tu turno** **Escribe en la línea el adjetivo posesivo que corresponda al pronombre entre paréntesis.**

1. _____ (yo) coche es el más veloz.
2. Conocí a _____ (tú) hermana en la escuela.
3. Le ayudé a cargar _____ (ella) libros. Eran muchos.

## Adjetivo numeral

El **adjetivo numeral** indica cantidad u orden. Si un adjetivo numeral indica la cantidad exacta de las cosas, se denomina numeral cardinal. Si indica el orden de la cosas, se denomina numeral ordinal.

> Compramos **dos** libros. (numeral cardinal)
> Silvia es la **segunda** estudiante en la fila. (numeral ordinal)

**Tu turno** **Escribe si el adjetivo numeral es cardinal u ordinal.**

1. Vimos <u>dos</u> películas el domingo.
2. Estábamos en la <u>tercera</u> fila.
3. La <u>segunda</u> película fue muy divertida.

# Preposiciones

## Preposiciones

Es una palabra que sirve para unir dos expresiones cuando la segunda depende de la primera. Ejemplos de preposiciones: *en, a, desde, con, sobre, por, de.*

> *Yo vivo **en** mi casa.*
> *Nosotros vamos **a** la escuela.*
> *Ella corrió **desde** el mar hasta la montaña.*
> *El helado se come **con** cuchara.*
> *He dejado la linterna **sobre** la mesa.*
> *Siempre llueve **por** la noche.*
> *Esa niña es **de** Guatemala.*

# Adverbios

## Adverbio de modo

El **adverbio de modo** indica cómo se realiza la acción.
Muchos adverbios de modo terminan en *-mente*.
La siguiente lista corresponde a adverbios de modo:
*bien, mal, apenas, rápidamente, despacio, lentamente.*

> *Paula corre **velozmente**.*
> *La mamá de Héctor cocina **bien**.*

**Tu turno** **Subraya el adverbio de modo en las oraciones siguientes.**

1. El señor se siente mal.
2. Me dijo tímidamente si quería ir con él al cine.
3. La señora cocina despacio.
4. Ella dice que así se cocina el pescado.
5. Sin embargo, todos comen apenas.

## Adverbio de tiempo

El **adverbio de tiempo** indica cuándo se realiza la acción.
La siguiente lista corresponde a adverbios de tiempo:
*ahora, después, antes, temprano, mañana, ayer.*

> *Llegamos **temprano**.*
> *Lo haré **después**.*

**Tu turno** **Subraya el adverbio de tiempo en las oraciones siguientes.**

1. Mañana temprano rendiremos un examen.
2. Ahora debemos estudiar mucho.
3. Luego podremos jugar en las vacaciones.
4. Después regresaremos a la escuela.
5. Entonces tendremos que estudiar otra vez.

## Adverbio de lugar

El **adverbio de lugar** indica dónde ocurre la acción: *aquí, allí, acá, cerca, lejos, arriba, abajo.*
> *Todos fuimos al cine que queda **cerca**.*
> *La carta está **allá**.*

**Tu turno** Subraya el adverbio de lugar en las oraciones siguientes.

1. Allá no conocemos a nadie.
2. Por lo menos aquí ya tengo muchos amigos.
3. Ahí está el disco del que te hablé.
4. Puedes dejarlo arriba de la mesa.
5. El gato está debajo del sillón.

## Adverbio de cantidad

El **adverbio de cantidad** es aquel que expresa cantidad: demasiado, mucho, más, poquísimo, apenas.
> *Ellos comen **demasiado**.*
> *Jorge comió **muchísimo**.*

**Tu turno** Subraya el adverbio de cantidad en las oraciones siguientes.

1. David estudia bastante.
2. Laura trabaja demasiado en cada proyecto.
3. Laura pregunta mucho, por eso siempre sale bien.
4. Jorge usó poco de lo que compró.
5. Ellas siempre cuidan mucho su escritura.

# Normas del lenguaje

## Abreviaturas

Las **abreviaturas** permiten poner mucha información en poco espacio y facilitan escribir con rapidez.

| | |
|---|---|
| a.m. | antes del meridiano |
| p.m. | pasado el meridiano |
| cm | centímetro |
| m | metro |
| min. | minuto |
| h | hora |
| Dr. | doctor |
| Dra. | doctora |
| Sr. | señor |
| Sra. | señora |
| Srta. | señorita |
| N | norte |
| S | sur |
| E | este |
| O | oeste |
| n.° | número |
| s. | siglo |
| etc. | etcétera |
| 1º, 2º, 3º | primero, segundo, tercero |

# Abreviaturas

Para escribir cartas dentro de Estados Unidos se usan las **abreviaturas** del correo estadounidense. Estas son las abreviaturas de los nombres de algunos de los estados.

| Abreviatura | Estado | Abreviatura | Estado |
|---|---|---|---|
| CA | California | NM | Nuevo México |
| HI | Hawái | NY | Nueva York |
| FL | Florida | PR | Puerto Rico |
| IL | Illinois | TX | Texas |

**Tu turno** **Escribe las frases usando las abreviaturas correspondientes.**

**1.** 3 centímetros
**2.** señor y señora Martínez
**3.** Vivimos en Orlando, Florida.
**4.** las seis de la mañana

# Siglas

Las **siglas** son las letras iniciales de cada una de las palabras del nombre de una entidad u organización.

| OEA | (Organización de Estados Americanos) |
|---|---|
| OMS | (Organización Mundial de la Salud) |
| UE | (Unión Europea) |

**Tu turno** **Escribe las siglas de las siguientes organizaciones.**

**1.** Organización de las Naciones Unidas
**2.** Organización de Aviación Civil Internacional
**3.** Organización Internacional del Trabajo
**4.** Comunidad Sudamericana de Naciones

## Mayúsculas

Se escribe con **mayúscula**:
El comienzo de una oración.
*Reciclar en casa es tarea de todos.*

La primera palabra de un título.
*Los tres cochinitos*

Los nombres de días feriados y los nombres propios.
*El Día de Acción de Gracias nos reuniremos en casa con Pablo y Martina.*

Las **mayúsculas** se acentúan.
*MAYÚSCULAS EN UNA ORACIÓN*

**Tu turno** **Escribe las oraciones usando las mayúsculas correctamente.**

1. iremos de vacaciones a francia.
2. A luis no le gustan las arañas.
3. algunas personas les temen a las víboras.

## Minúsculas

Se escribe con **minúscula**:
Los nombres de los días de la semana, los meses y las estaciones del año.
*martes*     *diciembre*     *otoño*

Los gentilicios que indican nacionalidad o procedencia.
*colombiano*     *asiático*     *limeña*

Los nombres de los idiomas.
*español*     *inglés*     *chino*

Los puntos cardinales.
*norte*     *sur*     *este*     *oeste*

**Tu turno** **Revisa el uso de la minúscula en las oraciones siguientes.**

1. El Miércoles iremos al cine.
2. Mi amigo es Chino.
3. Llegó a la escuela en Septiembre.

## Puntuación

Los **signos de interrogación** marcan el principio y el final de una oración interrogativa. Una oración interrogativa es la que expresa una pregunta.

*¿Quieres un helado?*

Los **signos de exclamación** (o de admiración) marcan el principio y el final de una oración exclamativa. Una oración exclamativa es la que expresa emociones como sorpresa, deseo, temor, alegría, etc.

*¡Qué árbol tan alto!*

**Tu turno** **Corrige la puntuación de las oraciones siguientes.**

1. El señor Rojas es mi vecino?
2. crees que debemos ir a la fiesta
3. Qué calor hace aquí
4. Todos debemos estudiar mucho¡
5. Cuánto tiempo hace que vives aquí

## Puntuación en cartas y correos electrónicos

Los **dos puntos** se usan para iniciar el saludo de una carta o correo electrónico.

*Querida Nadia:*

La **coma** se usa en el saludo final de una carta o correo electrónico.

*Muchos saludos,*
*Juan*

## La coma

Se escribe una **coma**:

Para separar los nombres de una ciudad y un estado.

> *San Antonio, Texas    San Francisco, California*
> *Cali, Colombia*

Para separar dos o más elementos en una enumeración.

> *Vamos a comer pollo, ensalada, papas y helado.*

Para indicar una pausa en la lectura y para separar distintas frases dentro de una oración.

> *Mi abuelita, la madre de mi padre, vive en Madrid.*

Después de las palabras *sí* y *no* cuando no forman parte de la oración que les sigue.

> *¿Sabes qué hora es?*
> *Sí, son las cinco.*
> *No, no sé qué hora es.*

**Tu turno** **Coloca las comas donde corresponda.**

1. Vivimos en San José California.
2. En el zoológico había leones cebras elefantes etc.
3. Sí nosotros iremos al cine mañana.
4. No no creo que pueda venir.
5. Compramos naranjas peras fresas y manzanas.

## Las comillas

Indican el pesamiento de una persona.

*"¿Quién tocará la puerta?", pensó Roberto.*

Indican el título de un cuento, un poema, una canción, un artículo de revista o de un periódico y un capítulo de un libro dentro de un texto.

*Mi hermana está leyendo "La bella durmiente".*
*Mi padre recortó el artículo de periódico "Temporada favorable para pescadores".*

**Tu turno** **Coloca comillas donde corresponda.**

1. Me olvidé de apagar las luces, recordó mi mamá.
2. ¿Conoces la canción La cucaracha?
3. Estoy seguro de la respuesta, pensó Matías.
4. Leí un artículo llamado Cómo aprender sin estudiar
5. La canción Noche de paz es mi favorita en Navidad.

## La raya

La **raya** (o guión de diálogo) se usa para señalar un diálogo.

*—No puedo salir esta tarde —dijo Patricia.*
*—¿Por qué? —preguntó Alicia.*
*—Porque tengo que hacer la tarea —respondió Patricia.*
*—Bueno, entonces salimos mañana —dijo Alicia.*

**Tu turno** **Agrega la raya de diálogo donde corresponda.**

1. ¿Crees que el examen fue difícil? preguntó mi papá.
2. El resultado será bueno opinó María.
3. Creo que no vendrá dijo Laura.
4. No creo que lleguen muy tarde respondió Pedro.
5. El perro mordió al niño dijo la maestra al director.

## El guión

El **guión** se usa para señalar la división silábica de una palabra. También se usa para dividir una palabra al final de una línea.

*ma-ri-po-sas*
*Los koalas se alimentan con hojas de euca-*
*lipto.*

**Tu turno** **Divide las siguientes palabras en sílabas.**

**1.** alimentación
**2.** conocimientos
**3.** electrónico
**4.** puntuación
**5.** lagartija